浙江潮第四期目錄

癸卯四月二十日

浙江潮第四期

目錄

購閱畧則

一 定閱本誌在東京者可函向本發行所掛號每期當按址寄送在內地者可就近向上列各代派所購取或遞寄函本社亦可但必須將報費郵資先行付下自然按寄無誤

一 向本社定購者由本社發給收條向代派所定購者由代派所發給收條遇有已付報資而報未能按期送到者可憑收條向原定處函索

售報價目表

全年十二冊	半年六冊	每冊
三元二角	一元七角	三角

購閱十份以上者照半年例二十分以上者照全年例又定閱十分以上者每分價三元日本各地悉照前例八折內地郵費酌加

廣告價目表

洋裝一頁	洋裝半頁	一行（四號十七字五號二十二字起碼）
五元	三元	二角

惠登告白者須於本編定期發刊之前交到價須先付登長年半年者當格外從廉

本會調查部

省城總受函處託

萬安橋白話報館 汪君曼鋒

葵巷安定學堂 韓君靜涵

代收凡有惠寄稿件逕交二一君不至有誤

本誌向託中外日報館爲上海總代派所旋因中外日報館事務紛繁已由該館轉託永記書報代派所代理故本誌三期中已一律更正恐有未盡周知特此申明

◉調查部徵事特別廣告

啓者本部成立後內地會員投寄稿者絡繹不絕同人良深感謝惟來稿均仿新聞之例與本部調查章程多有未合或且枝枝節節未成片段此非敢爲內地會員咎然本誌剏辦伊始原係注重此門今若此心滋慊矣今擬於本部會員仍隨時寄稿外添設徵事一門亦以補採輯所未逮也例如左

一命題

(1)人民之營業及生計

- 某府社會上最重業何種
  - 某業組織若何
  - 某品出省某品出口
  - 某品出省出口由何地
  - 外品輸入者有幾種
  - 每業歲得利之中數
  - 每業得息歷歲比較表
- 某府民間生力若何
  - 某地歲需米若干
  - 是地出米若干輸入米若干
  - 是地彙食雜糧否
  - 壚蔬大概情形
  - 布物大概情形

(2)絲茶種種內情及現象

- 絲例
  - ▲每府歲種桑若干地○某地以繭某地以絲○歲得絲繭中數若干○近年絲繭輸出比較表○所銷處何地○養蠶法○新舊法比較成色表
- 茶例
  - 種茶何地○何地爲多○每地歲出若干○近來輸出比較表○所銷處何地○製茶法

(3) 學校（私立 官立）
- 管理人及教習辦事人之姓氏爵里
- 設立年月表
- 校用經費何出
- 校內科目若干
- 校用何課本
- 生徒實數若干

(4) 報紙銷行之多寡數并歷年比較
- 某地銷何種報紙
- 每種銷若干
- 受銷者爲何種社會
- 某地銷報歷年比較表

二 分等

(1)
- 特別例○能述全省人民營業生計而又詳盡者屬之
- 甲等例○以能述一府而又詳盡者屬此等
- 乙等次之丙等又次之

(2)
- 特別例○以能述兩種而又詳盡者屬之
- 甲等例○各以一種而能詳盡者爲及格
- 乙等次之丙等又次之

(3)
- 特別例○以能如題例而又詳及各學校腐敗改良之眞相者屬之
- 甲等例○能如題例
- 乙等次之丙等又次之

(4)
- 甲等例　須以全省或過半爲合例
- 乙等次之丙等又次之

三。謝金。

(1) 凡屬特別例者本部當有極優等之報答
甲等十元〇乙等五元〇丙等酬全年雜誌一分

(2) 特別例同前
甲等八元〇乙等四元〇丙等酬全年雜誌一分

(3) 特別例同前
甲等八元〇乙等四元〇丙等酬全年雜誌一分

(4) 甲等五元〇乙等酬全年雜誌一分〇丙等酬全雜誌半年

●注意

一、如有寄稿杭州以杭州白話報館上海以大馬路壽康里永記書報代派所爲總受函處日本則暫設於東京神田駿河臺鈴木町十八番留學生會館

一、凡寄稿有及格者本部例將等第登入雜誌並即附登上海日報以便周知

一、凡某稿旣已入選即由本部寄給受金據于寄稿人由稿人向所交涉之總受函處持據支取謝金

一、如有惠寄稿件須註明寄稿人姓名住址無論入選與否原稿槪不璧還

浙江同鄉會調查部謹白

本誌特別廣告

啓者同人前以居舍未定一切信件暫由東京神田駿河臺鈴木町淸國留學生會館轉交茲已租定東京牛込區東五軒町九番地作爲浙江潮雜誌部編輯所兼理內地發行事件各處如有賜函請即逕寄惟在東另售發行仍在留學生會館特此廣告

美國文學博士松本君平著

雄辯學

附「雄辯術演說法」

雄夫譯

高橋五郎著

社會主義活辨

雄夫譯

民友社編纂

非律賓群島

大俠譯

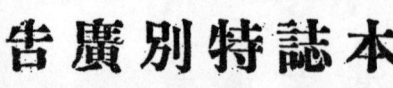

中國道德實踐家王陽明像

西湖勝景

（其三）

雷峰夕照

（其四）

三潭印月

東京並木活版所製版

社說

浙風篇

匪石

我諸父伯叔諸兄弟有欲浙江改革之方法者其聽余一言。一地方苟欲於所受隷之國系內而占一特殊之地位與其光榮者則必先自有一種特立不苟同之一物而納于所受隷之國界以量給於國系所隷屬之諸分子又必取諸分子所自納于國界之各各物而我與之調和與之損益以反納于自地方而常使輸出輸入之二較數隱隱有後先多寡之比例差始之外輸也唯見其獨也原點的之義也次之內輸也唯見其同也合點的之義也抑同矣而各各有特立不苟同之各各物以自爲其主持以自爲其運輸能若是斯所謂國系所隷屬之良分子也是物也吾無以名之名之曰風氣

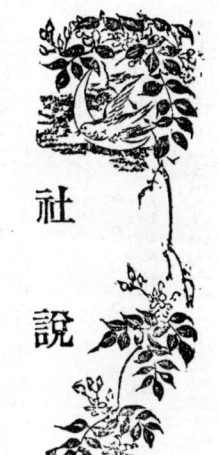

社說

夫風氣何說曰風氣者至不同至複雜而又爲至純至單簡之生元也一國有一國之風氣一村一家有一村一家之風氣此如珊瑚集体而羣現島嶼於太平洋之海就其集体言之無不類似而實各有殊特之狀態焉其在英則富於執守其在法則富於活潑其在美則爲孟魯主義其在日本則爲大和魂此猶就全体言之也又析而言之凡一社會一學校又各有所謂社風學風者要之同一集体必有一種特立不苟同之風氣夫然後集体乃成立而不可拔翻觀吾中國乎其立國不可謂不久賢君良相仁人志士所創造而經營者不可謂不勤勞然而歷史異文風俗異尚人情世態之異觀此向來史家及一方小子之粗識吾中國史者皆能言之嗚呼其渾焉矣其沌沌然不知所立矣渾焉又不知所立則以龐且大又囫圇之一物而反復之旋轉之升之自天降之自地而終將復返於囫圇而猶囂囂以號于衆曰風氣云風氣云嗚呼其將誰欺也歟

吾中國向來注意于風氣問題而成一專門家之言者莫如詩昔者太史氏歲採其國風以獻於王而布之詩歌用之于宴饗故讀其詩而民風之美惡貞淫可知也周

之衰也平王東遷河雒大雅不作國風云亡（此就中國國風言不專指齊晉一國猶秦東西各國所稱國歌也）懔懔乎一王之同化力不足統列邦而陶鑄之以馴歸於一治於是列邦各自爲風氣糾紛化變日流淫侈桑間濮上之什溱洧芍藥之吟此尤大彰明較著者也故若隨此大勢而爲任意放恣之雜動吾人將不知其所駐止孔子懼乃喟然曰嗚呼吾其能免此役乎遂乃周流列國車轍馬跡半天下察其風土觀其政治而採其風詩以爲國風以王室之既衰也降之與列邦等升魯爲頌以當空王而發其微于春秋曰元年春王正月王正月者何大一統也大一統二義一曰一道德其一則同風俗之說也迺驩然自慰曰吾自衛反魯然後樂正雅頌各得其所言列邦能統一于國風也孔子既沒弟子各守一藝以傳世韓非子顯學篇曰儒分爲八有仲良氏之儒仲良氏者傳風氣學者也陶潛羣輔錄曰仲梁氏習樂爲移風易俗之儒（良梁音同古尙口耳之學仲良仲梁當是一人）斯學也世之言統一言分治者要皆不能外是其後秦漢兵爭未遑禮樂紛擾且百年而齊魯韓三家詩始大著于世然僅傳其文義訓詁而于樂學罔聞焉宋鄭漁仲氏有作抉微

發輿稍章明矣然足跡未半中國又距周且千餘年樂府失傳無可訂者蓋自是而中國國風無幾希存矣悲夫悲夫何吾中國國界紛離破碎行而益岐往而不可返之至于斯極也

然則我諸父伯叔諸兄弟其不欲改革浙江苟欲改革其必自改良浙風與統一浙風始

雖然就浙江之風氣而試一着手則必於吾浙風之性質之點体而一一研究之而一一剖分之吾浙風何物乎固非如渾沌体焉其組合也雜其成立也慣而又益以天然人爲二者種種之妨阻忽焉舉是体而尋其下手之處是非依純簡的方法而貫之于複体用歷史的綱領而抉之于實際不可也而不然者事種種因因種種果得一則遺二就此則强彼方欲改良而將復原方欲統一而將分裂其如是其如是適以助浙風之習慣力而益之勢吾浙江改革無日矣鄉人乎鄉人乎其羣思改革乎敢以浙風成立之原因與其改革之方法爲我鄉人告焉

其一曰移民因　吾中國國民非同一統系於黃帝者乎雖然二千年前文化未開

焉凡文化未開時之住民常被治于天然之感化力而或以事故或以族類時亦出于遷徙則常攜其所已受之風俗攜往又未能驟化于所往地之土風也則又自爲之別而不復合是類也浙人謂之客民計吾浙今所居者自前千年視之皆客民也東晉南渡江左大族大率來遷于會稽王謝諸氏蔚然成一望族今紹興人能稽譜牒者要皆必源于是南宋之興也官河洛者皆來臨安臨安今杭州府子孫實聚於斯今杭俗七月十二日例舉盂蘭會家則祀祖祀品以食果主人立于門而致辭曰吾祖若父其來饗則肅而入拜盖是時臣民倉卒南渡棄墳墓離鄉土木主又散亡焉不得已而爲招魂之辭康乾時徽歙人遷于吾浙者盖數百家大都沿錢唐江而下凡附江地如嚴州如紹興如杭州皆有居者其業半以鹽今杭州試商籍者皆徽歙人也杭城西有地曰留下留下住民則爲眞杭人杭諺曰『留下十八家』言留下者僅十八家又感于眞杭人若是其寒落也温州于浙爲甌脫地故亦名甌俗稱完一焉雖然今族皆來自福建惟平陽山中有土族居之不與外人通故老以爲眞甌人故今浙人誤譜籍學者必益其辭曰遷浙始祖某某氏詳其所自來也然則吾浙

社說

人于遷浙時之本土之不同也如此而來遷年時又先後懸絕也如彼此皆于吾浙風有絕大之影響者也此原于移民者一

其二曰社會因　一地方而成一組合之集合体者必有數多社會以爲之骨幹而此數多社會中又必有大社會焉出其勢力以籠罩自地方之一切小社會而小社會乃迫而附從之久且併合而與之常相忘此亦順于自然的者也吾浙人之能以社會雄者則惟甯紹兩府人甯波通商最早其人也工于計富于團結力今甯人相率爲海外事業者各埠不絕其蹤跡其次亦能于本省商界上占勢力焉如杭如溫凡上等商社會皆甯人也而紹人則盡占其下焉者渡江而西要皆不越于杭州然好業官幕錢穀則僅有之若習刑名學者足跡盡中國焉諺曰『無紹不成衙』此其證也雖然其不及甯人矣甯人有能爲海外遊者紹人則限于中國金華之所屬曰義烏其人以能兵名勇而忍羣而有節制明戚繼光常用以禦倭者至今猶仍其遺風晝行無數十里不佩刀將來苟有浙軍出現于中國者必此其選矣嘉湖多業桑蠶之時雖試官來不應也然民富而流于蕩若衢若嚴若處地處麤觕工業亦不振

焉故無能以大社會名溫州地小人衆耕地之不足則相率而遷于他雖然散而無制也動而無常也故無名然富于自治者吾常曰溫州其次則台州矣然民窮而悍則爲僧則爲盜惟杭州以省會故各府人士往來皆聚于是其用力也不專其互交也雜不專且雜故無以大社會著者然如業扇業機之徒又能于社會爲有力要之都會及省會之區其性質皆若是目杭州省會外自餘各府皆各守其自社會之慣俗而與之無推移焉交通不常則社風益離其所也此原于社會者一

其三曰吏治因　凡能占一國或一地方之最高權而爲造風氣之主動力者則政治是已吾中國民政尚未發達故地方團体之保守力常不敵外力之感動此在風俗駁雜時雖幸而得此而得以吏治力使達于民俗統一之希望然一方亦以此種種因而遂成精神界一種之依賴性而自處于被動之地位地方弱點大都若是吾浙向來無有以名宦著者官浙之人不外兩種其一曰名士浙以好山水聞天下秦置會稽郡自杭州以下皆屬之惟溫州屬閩中焉漢魏時名士來浙者其人不勝枚舉但觀古來詠會稽山水詩者數多如鯽魚溫州自晉以下曰永嘉永嘉山水又甲

於浙中。有宦浙者詩文辭可考也處州有山曰天台。詩人必及之。然大半皆出於遊宦紀行之作若杭州則自東晉南宋兩南渡後成爲遊塲矣試讀西湖志名宦篇無非述遊之章世所稱名士風也嗚呼若所稱名士而使官於地方團體力薄弱之浙江其不爲所移者幾希其一則曰貪官吾浙又以富名者也浙之絲浙之鹽浙之釐。官者莫不注目焉。今自撫藩臬三官。不可捐納。自茲以下。候補道常數十知府常百餘知縣常千餘蓋亞於江蘇一等而例于各省則常爲數倍或十倍試聞宦中人言。必曰浙江浙江曷以故。故自選吏視之則以賄賂多而聲勢通者乃移之于浙江自受選吏視之則一行作吏必得爲浙江官乃罷歸也然則浙江其大盜之寄庭歟吾字之曰盜風以盜引盜以大盜孕小盜宜吾浙盜風之日熾也雖然吾浙人其勿憾彼人矣吾地方團體力不能自完其風氣彼乃得閒而移易之也此原於吏治者一」

其四曰學術因　吾讀世界史。大都有造因數十年或百餘年以前而結果乃在數十年或百餘年以後則如歐洲諸邦之革命則如全地球之秘密社會黨則如露西亞之虛無黨其終也烈火驟燃大山炎流石焦極暴君如路易如亞歷山德强相如梅特涅如畢士馬克其人奮其秘詭剽悍不可捉摸之手段憑藉軍威締結聯約而一敗而再敗而終亡何以故何以故曰則諸大家學說潛行默布而爲之原動力也故學說者國風之母也學說統一則國風必統一昔中國學說統一時期盖在漢武之世然所用皆荀學荀以尊君抑民爲主義伯主常利用之沿及有宋朱學大興朱爲荀學之別子瀰漫浸淫垂數百年不衰而能反抗此風騰雲湧之大勢以自造一別一之宗主者厥唯浙江浙江學術別爲東西二大支東支大且久西支不逮也東支于宋爲永嘉艮齋止齋諸子提倡政學合一主義盛行于浙東隅今浙東人強忍好任事盖猶存永嘉遺風于明則爲餘姚王陽明氏以『唯心學』朱爲學敵其學說含歷史的哲學的觀念而推原于『知行合一』其後蕺山繼之梨洲又繼之明清之際凡起兵江上而身殉以死者大半出王學之門餘姚朱舜水氏則以不得于中國來游日本日本之有王學自浙中往也雖然學風少衰焉而平湖又以朱學聞於浙西嗣是以降朝廷嚴禁講學士又以得免文字禍爲幸唯漢學之是趨綜永嘉餘姚二大支流其勢力影響所及雖未能如歐洲諸大家之欻忽有力而能占優等之地

社說

位者亦百年吾浙人苟將來有提倡是者經之緯之以一貫于浙東西之學界度不十年必有大效而顧使迂執破碎繁縟不競之曲學竊我壇坫而占之駸駸乎貿眞主之名焉嗚呼此亦浙風離渙之主因也此原于學說者一

其五曰宗教因　昔歐洲宗教家挾其迷信主義以別造一教界于世界之內能使民勿疑勿貳勿餒盡驅其君相臣民婦人孺子于統一旗幟之下而爲之奴西方學者百方攻之已百年而未嘗勝也故善言統一民風者其必曰宗教矣吾中國素不立宗教自外來者曰佛曰回曰基督而吾浙唯佛爲最盛基督次之回爲下杭州城西有靈隱山又進則爲天竺天竺者印度之轉音也印度佛所生地也故人名杭爲佛地歲三月江南士女來敬香者殆數萬人杭名其時曰香市距甯波海有島曰普陀其祀以觀音各地人亦歲以三月往至有自廣東來者島內市政由寺僧組織之蓋純乎佛國也天台山則稍高遠矣以登之之不易故少往者然遊僧必駐錫于是吾嘗聞佛者言浙爲佛教最生之地比較北省實三十而得一其寺數以數千計僧尼以萬餘計可稱極盛惜佛風不良住持皆非知佛者故似統一非統一猶之不統

一也回教于浙無漲力有禮拜堂一人無能窺者主之者爲張姓通土耳其語歲奉教主命施行一切事然拒人入教又其書不外傳故無力基督于浙有新舊二派舊教(即天主教)占勢力較新教(即耶蘇教)爲大大行于台州各地自庚子後奉教者驟增數倍教民非盡一致有別立分支者亦不一支然自入彼教而迷信萬不可破彼教統一之力固悍堅若是哉要之一地方而有數宗教之根性則民風萬難一齊抑不僅此個人而亦具有數宗教之根性斯分之又分者矣此原于宗教者一

其六曰地理因　吾中國有至大之流域二曰揚子江曰黃河其影響及于人文固不待言雖然我浙江固負一最可寶貴之天然物而使我浙人得造立吾浙純一之風氣者則錢塘江也江以西爲浙西江以東爲浙東而杭州實爲之中樞浙西地勢平衍河流便利其植宜桑其氣候和其爲人善動富于活潑力故多文雖然風教之未純人爲之未充常隨天然之柔弱勢而爲秀士之產鄉浙東諸郡山林隨屬武力亦益强矣然地鮮平原無用武處所造皆耐忍褊狹之風山使然也地不越山水平原三者水以文山以忍平原以曠達吾浙少平原盖弱點矣雖然諸水自浙東滙流

社說

澎湃騰躍經嚴州越紹興以達于杭州而受此流域力之影響以產生吾浙江英偉之人物者如孫策以富陽錢鏐以臨安皆此其選也其東境瀕海瀕海之郡爲甯波台州温州西南則多山與安徽江西福建諸省接境分界或以山或幷無山民風亦互爲灌輸要之分省時本非有天然不可併合之勢浙江苟或自治亦當與所界各省共治之必不然亦當自正經界始此原于地理者一（未完）

凄涼白馬市中簫　夢入西湖數六橋

絕好江山誰看取　濤聲怒斷浙江潮

論說

論歐美報章之勢力及其組織

饗　髓

咄！十九世紀之新產兒 The Fourth Estate（第四種族）者乃於現今世界有絕大之勢力挾野蠻血勇慴服生物之猛獸力不足與之角抉金城鉄壁如破春竹之火器力不足與之京施迷信術隷生人魂之宗門魔力倡神權論行獨裁政之君主權力不足以駕馭之而反屈服於其下

第四種族者何英國罷爾古氏品定報館記者之新名詞也氏之言曰『組織英國議會者貴族僧侶平民三大種族而已今則添入第四種族之一部』咄！茲種族也豈第議會之一分員巳哉蓋於一切方面皆操其絕高之主權焉試表之

論說

一政治上
二國際上
三社會上

政治上　泰西之歷史一社會階級之紀錄也十八世紀以前僧侶之『宗教的勢力』貴族之『門第與全權的勢力』曾互相結托盡心力以屈厄平民而奴隸之牛馬之不少暇迨十九世紀之初所謂第四種族報章家者乃挾『社會的勢力』而出現力與僧侶貴族之聯合軍抗扶『民衆勢力』顯出於社會之表面而建設議會而伸張自由權現世紀之新天地實報館造之也

然議會主權仍少數人操之久之久之勢必復流於專制故報館記者常注意乎此間而主持之而左右之今地球各國漸漸乎有政府命令議會議決非報館贊成不能施行之政體矣何以故平民政體者貴得乎多數人民之意見尤貴得乎人民中最聰最強最高之意見蓋報館有後說之價值焉

拿破崙曰『有一反對之新聞紙其勢力之可畏視四千毛瑟鎗殆加甚焉』又曰

『報館一家猶聯隊一軍也』俾斯麥曰『經營社會者不可不利用新聞紙』彼二子者民衆主義之反對家也其爲言也且若此甚矣報館之勢力之偉大也竹越氏之言曰『君側之權衰移於政府政府之權衰移於議會議會之權衰移於報館十九世紀後半期以來實報館執政之時代也』斯言也吾取之以爲歐美報館之定評

國際上　古代之國際君相之國際也聘問乎宣戰乎講和乎皆其國之君主與其二三重臣謀於密室而定之而民衆不與知所謂君相之愛憎心功名心之主被動也今也不然或經濟問題或殖民政策或帝國主義皆國民爲之原動力故今日之外交國民總體之外交也背衆民之風潮拂全國之感情而欲其外交之得手也雖英主雄相不能辦于是外交之方針不得不視民衆代言人之趨向而決定而報館曰玉帛宜則以玉帛相見報館曰兵戎宜則以兵戎相接馴至條約之隻字往返之微儀報館皆從而可否之故曰報館者外交官也

報館記者又維持時局平和之活菩薩也英國新聞紙其對於外邦及殖民問題每

論說

操調停論英國政府有倡國際平和主義者。新聞紙必爲之後援。蓋新聞紙貴具世界的主義不區區於國家界而有彼我之見存以媚世俗耳目也。普法戰役之次年。德相俾斯麥欲重出師倫敦太唔士報惡其陰謀。乃宣之於紙曰『德國將進兵攻法京占領安蒲倫之高地索償欵十億萬云云』此報一出。全歐人心湧如沸騰責罵德國之貪婪而俾斯麥之政策遂消滅。嗚呼支配狡獪之外交家使不得逞其兇惡而令世界人民不無端而羅戰禍者舍報館其誰能之。

社會上　往世敎育權寺院操之。而得敎育之利益者貴族而已一般之平民無沾濡敎育之權利也。近世學校宏開。義務敎育之制興通常之知識於以普及於平民。然就學之期不永一暴而十寒也授與之料有限舉一難反三也而國民敎育之大機關遂專屬之報館。

報館既造成民衆政治矣而使無學識之民衆操縱政治猶令三齡童子試莫耶之劍不致自傷而傷人也不止故敎育國民尤報館最重之責任政法也經濟也社會也倫理也凡夫一學一說有關乎人文之發達者必奮筆直書以貫輸於國民之腦

且更爲照魔鏡爲聽音器派遣數千百之通信員探訪員於社會之總方面舉其善善惡惡悉錄記之而披露之而批評之人之視之也如默監之鬼神然如行刑之大堂然而人類之德義藉以日進而社會之蟊賊藉以日消自由制度愈進化而不失敗者又報館之功也朝作道德說而夕出無量數之大君子夕唱尚武論而朝產無量數之軍國民報館之左右社會其勢力爲何如也耶

雖然歐美之報章勢力達乎如斯極點豈偶然哉盍研究其最完全之組織法

歐美報館組織一覽

(甲)社主

(乙)會計局

(丙)編輯局

(一)主筆記者

(二)編輯事務記者

(子)市內擔任記者……通信探訪記者

論說

(丑)、地方部擔任記者……地方通信
(寅)、電報擔任記者……內外電報通信記者
(卯)、各部擔任記者
一、財務記者
二、市況記者
三、鐵道記者
四、劇場記者
五、遊戲場記者
六、婦人事項及流行衣裝記者
七、新刊書籍批評記者
各部門擔任記者各有附隸之採訪員
(丁)文選部
(戊)印刷部

(己)發送部

夫如是。則新聞社會者。非器械的而有機體的可知。況厠足乎其間者。皆文人學士。政法大家。具有引導現在社會創造未來世界之大主義大目的。而各盡其

報告的

代表的

判斷的

命令的

之四大職分。不少放棄。無惑乎占領人間世絕頂之權力。而爲第一高等社會。吾國斯業。尙未發達。雖某報出而變法之說見諸行政。某報出而尊皇之論致興軍戎。某某報出而民族主義革命議論膾炙于人口。某某報出而分治策略自立問題聳動乎人心。其風潮可謂烈矣。然較之歐美。何如也。況彼鄙夫不達『新聞德義』之名義。或談風月而敗壞風化。或博賄賂而顚倒是非。或希祿位而模棱兩可。或安排雜料而成無意識之印刷物。或勸說雷同而爲不規則之故紙堆。而其高者。又言與

論說

行達則創爲『驗習』之謬說以欺人夫然則與專制家之愚弄人民者奚擇焉且報舘即實行家不踐其言不止如之子說者徒以空論了事不求有達到目的之一日其放棄職分也不已甚乎嗚呼報舘者第二之政府議會也有政治思想者盍於此加之意乎

四十餘年睡夢中　而今醒眼始朦朧
不知日已過亭午　起向高樓撞曉鐘

起向高樓撞曉鐘
尙多昏睡正懵懵
縱令日暮醒猶得
不信人間耳盡聾

學術

政法　哲理　教育　軍事
地理　傳記　科學

浙江同鄉會贊助員續捐題名

松雲閣主　捐日金四拾圓
鄒景叔先生　捐日金貳拾圓

政法

俄人要求立憲之鐵血主義

獨頭

第一節 敘論

今日之世界實專制立憲兩政體新陳相嬗之時代也上溯十八世紀初歐洲各國人民除英國外莫不蒙專制政體之毒壓之既極法國革命忽焉爆裂波及全歐全歐人民無不波起雲湧奔走呼號以求脫專制之軛當時俄普墺結三國同盟互相提携以剗內亂而奧相梅特涅又以陰鷙狡悍之才執歐洲大陸牛耳數十年其壓制之力可謂暴矣然時勢所趨不復可遏暴湍急流猝難渟潴蓋距今僅五十年而歐洲各國無不立憲所未立憲者僅一俄羅斯耳夫俄國土地之廣甲兵之利虎視鷹瞵列强側目豈非泱泱雄國哉然視其內部而患難頻仍民氣囂張虛無黨社蔓延全國凡學生、凡農、凡兵卒殺君戕吏蹈刃如飴識者謂俄人專制政體之運命殆將終矣前途若何雖難預料要之俄人行之以勇悍持之以堅忍前仆後繼流血相屬終必求達其目的而後已者此吾所敢斷言者也今夫專制之起起於强權習之既久君主遂悍然不復自知其非故其民若不合群合力絞其頸血心血以與君主相搏戰者則君主斷不肯割棄其特權三揖三讓拱手以畀之於人民此必然之勢也嗚呼俄事殷矣環顧宇宙之大其亦有與俄同病者乎苟其未知我欲其知之苟其知之我欲其行之行之維何曰要求而已夫國民而自餒自棄則吾不復忍言也否則彼何人我何人有爲者亦若是語曰二十世紀無專制政體立足地凡爲國民可不勉哉因述俄事以鑒彼又誨我焉

第二節　俄人立憲主義之發動

凡事之起起於因因者非一朝一夕之暫一手一足之力必浸淫涵泳深印於人人之腦中然後事機既熟一朝舉發不復可禦否則革命而不造因雖革命何益哉然造因矣而不究人民之觀念但逞一己之胸臆而行之尤無當也故仁人君子必推求數千年歷史之性質與道德之所以墜落社會之所以腐敗知病之所由起而下

藥焉此革命之第一義也攷俄國政治史自一七九三年法國貴族黨移住俄國以來影響所被俄國人民遂竭力主張自由主義當時因尼哥剌 Nicholas 一世之壓制屏息潛伏然生活益困苦道義益腐蝕迄忍之無可忍望之無可望激昂風發不可抑制祕密結社接踵而起專唱極端自由之說以煽動愚民然愚民不解自由之眞理激於一時之感情輕舉妄動自殘同類卒之事機不密悉爲政府所殲滅故團體雖多暴動雖烈於專制朝廷如故也於土地富豪如故也至一八七九年民意黨始起翻然變計知地主之跋扈罪在政府之庇護推倒政府改良政體則雖有千百之地主無效也乃宣言曰『吾人欲謀社會主義之進步當先注意於政治今我多數之國民無教育無知識無國利民福之觀念雖日日破壞日日暴動無益也故吾人不可不倡言要求立憲之利益不可不移彼等仇視地主之熱誠以仇視政府』此說既昌人民主權之理想遂普及全國由是觀之俄之黨會其初事固有如是之委曲者臨因測果言革命者如之何其勿思

第三節 民意黨之組織

學術

大抵其國工商業不發達者則黨會之勢亦不盛讀革命之歷史其初盖無不由農民勞働者而起而其中重要問題則經濟是也經濟界窘則團結力衰此自然之理俄之民黨雖起於農民之壓制而富豪大賈又皆能毀家輸貲以相援助故能發揚蹈厲以演成如火如荼之活劇盖民意黨之全部以『勞働者團』『中央學生團』『地方團』組織而成又由各種團體撰定寔行委員爲全黨之主座定自治條規立協助誓約對寔行委員皆有服從之義務又立秘密出版所爆物製造所以爲實行要求之機關其要求之順序及實行之方法玆揭其綱領如左

要求條件

一設立國會處理國家問題

二擴張地方自治制官吏由公舉而任命

三各市各村關經濟上及行政上有獨立機關

四土地國有

五擴張勞働者之權利

六人民之信仰言論出版集會均得自由
七擴張選擧權不得有階級貧富之別
八以地方民兵隊爲常備軍
寔行方法
一以遊說煽動鼓吹本黨主義
二以破壞手段恐怖手段要求政府
三整理各種團體圖勢力集中機關敏活
四聯絡官吏軍人以張勢力
五準備寔行要求之方法
六若國會召集當運動選擧
觀以上所述其團結有紀律其組織有秩序宜乎政府雖有千鈞之力亦無術以制之也然民意黨尤有一種特色則黨員之巨魁多豪俠之女子是也其游說其陰謀無不藉纖纖之弱女以行其術故民意黨所造之事業多神妙莫測者夫歐美革命

女傑多矣至於俄之女子敝衣惡食樂死不悔尤有百折不撓之氣甚矣乎誰謂脂粉叢中綺羅隊裏不可以演此龍拏虎攫電掣雷轟革命之壯劇乎吾安得不顧吾同胞姊妹而爲灑一掬同情之淚也

第四節　要求不遂之凶變

夫人權之發達既進步則不能退化人心之奮厲既發揚則不可阻遏俄帝亞歷山大 Alexander 二世不知此義務鋤民氣百端壓抑凡民意黨之死於絞台死於鐵獄死於漠野者不知凡幾實行委員見事端逼迫於一八七九年八月宣告各團體曰『民意者法之根本也政府既不能應平和之懇請則吾人不得不施强暴之手段以强制之』議既定暴君誅滅之論徧於國中氣燄熏天殆將爆裂

自玆以往民意黨之或設地雷或擲炸彈以謀殺皇帝者經六次以護衛之嚴密偵探之機敏歸於失敗然黨員之熱心已如怒潮之激動不撲滅不止至一八八一年三月一日爲皇帝行幸觀兵式車至衣卡台利奴惠司克 Lekaterinovski 轟然一聲炸彈猝發車之後部已成齏碎兵士停車捕問時帝未受傷起立往問市民群集

俄見人叢中一青年以双腕猛投一物於帝前殆如火山爆裂帝已蹶然地下兩足粉碎氣息奄奄舁歸宮殿而崩嗚呼積千万人之公憤蓄數十年之熱血遂以一擧手之勞斷送安享萬乘之生涯後之讀史者莫不曰俄民暴亂俄民暴亂抑知民氣動而難靜搏而愈躍操之過促激而生變是誰之過歟自造此因自艾此果於人何尤於人何尤

第五節　民意黨之上書

亞歷山大二世遭凶變後黨員半被捕獲機關亦被破壞至三月十日民意黨聚集殘員議事業之繼續遂頒布意見書一與國民一與新帝其書譯錄如左

民意黨上國民書

吾黨自建立以來屢次警告朝廷欲其改易暴政復我權利彼不聽忠告益施暴威不得已經吾黨法廷之裁決處以死刑遂有三月一日之變

同胞同胞抑知吾儕處黑暗地獄之痛苦乎壓抑我思想黔束我言論軛縛我行爲擧動稍事反抗不驅之於絞台即放之於窮陬傷心之事酸鼻之狀難盡言者

使政府而不悔禍易策恐吾國之人民殆將滅絕而永無蘇息之日乎嗚呼含生負義之倫心非木石大義所激烏能坐以待斃哉

今前事已往可勿復言願新帝力改從前之秕政恢復吾人之自由此吾黨所希望亦吾黨所力任監督之責也苟其不然背戾吾人之意志不能滿足吾人之要求吾黨即認爲民賊爲公敵誓處以同一之刑罰誓擲吾黨全體之生命財產以購彼一人之血

民意黨上皇帝書

凡人民之於國家有當盡之義務吾黨不敢負此義務故樂舉吾黨之生命財產供社會之犧牲而不悔吾黨亦因此尊重之義務所驅故不敢不捧一腔之熱誠以披陳於陛下

Lekaterinovski 之慘劇固非偶然之事亦非恐怖之事吾黨已躊躇於十年之前無如運命之不可避事機之不可逃也

夫一國之民變上者不利而導之徒以凶暴之政策鍛罪科罰此實不知公理者

也不見此十年中虐待無數之人民乎束縛無數之黨會乎而今日果何如乎要而言之政府之壓制愈烈人民之氣燄愈張吾黨與政府之決鬬不絕者職是故也。

嗚呼先帝之遭慘變實不得謂之無辜矣試思無告窮民或流或殺悠悠長逝者不知幾人詎知人民革命非箇人之關係寔社會有機體之進行也非絞台鐵獄所能强制不待智者而知矣不見十字架之刑雖酷而基督敎至今無恙乎（中略）雖然陛下勿謂前途可懼也勿謂紙上空言勿信也陛下苟以國計民生爲念者亦當深味乎吾言

盖一國之所以有政府者欲其表白人民之意志也今吾國政府儼如『簒奪者之一隊』剝奪人民之自由驅之爲貴族奴隸而殘忍酷薄之貴族及保護於政府之下而謳歌太平是爲吾人所最歎惜痛恨者也亦爲吾人所不可不發憤以滌蕩之者也（中略）今陛下苟欲重光日月別開天地願陛下制限無上之主權憑人民之意志而行庶幾鞏固國基輯和上下吾黨亦當戒躁急之擧動以謀平

和之幸福

陛下陛下吾人胸中之悔恨與陛下有同情也陛下喪最愛之父吾人亦喪最愛之父且喪吾最愛之兄弟妻子朋友然欲謀全國之幸福亦當忍受而無怨故吾人敢忘陛下爲欺弄吾人迷惑吾人之代表者而一剖胸臆亦願陛下捨其悔恨之念而採納之凡條件如左。

第一 大赦國事犯

第二 召集國會

當召集國會人民所應得之權利如左

一出版自由

二言論自由

三集會自由

四選舉自由

以上所述爲開展平和唯一之方法。謀人民之福祉在是。謀陛下之福祉亦在是。

惟陛下圖之。

嗚呼吾徧讀古今之民黨史傳其要求之嚴厲其勸告之仁慈如民意黨者其可得耶故其蓄怨積怒而甘心於政府者必非好爲犯上作亂之徒可比例嗚呼誰實爲之誰實爲之

（未完）

學術

哲理

希臘古代哲學史概論

公猛

緒論

哲學之定義　哲學二字譯西語之 Philosophy 而成自語學上言之則愛賢智之義也畢達哥拉士所下之定義以爲哲學者因愛智識而求智識之學也亞里士多德亦以爲求智識之學而斯多噶學派以爲窮道德之學伊壁鳩魯學派以爲求幸福之學

哲學之定義如此紛紛不一雖然希臘人哲學之定義則以相當之法研究包舉宇宙與根本智識之原理之學也約言之則哲學者可稱原理之學

哲學史之定義　哲學史者記載昔賢於哲學上有關之思想書也其中可分爲二種一則即其思想而詳記之一則研覈其思想發達變遷之順序與夫因果之關係

而論斷之前者可比普通編年史後者可比文明史然而前者僅據遺篇而詳察其論旨所存足矣若夫後者則非極深研稽不爲功盖一學說之成立必非偶然忽然遂出現於世界者焉必先有可以造成此學說之社會其未出現焉於先時有若何之豫徵其已出現焉於後世有若何之影響博稽當日之時勢遠徵古代之風俗明辨其人之性質深研其學說之特徵與傾向皆後者所當有事也此篇所存其種類雖屬於後者然僅就學說之變遷論之而已若夫知人論世以自附於作者之林則固有所未遑

哲學史之効益　哲學史之爲物既如前所云雖爲人間思想界發達之歷史而與人世事變之歷史深相連結是則世道之隆汚皆可於此徵之矣然尚非直接之利益也博聞古大儒之學說以蕩滌我胸襟擴張我識力則他日遇事不至見丸一方失於判斷且多知前言往行以供我參照因溫故而知新遂增高而繼長於學術上促其進步此効益之最著者也況乎讀古人之書而尙論其說則古人雖遠猶日暮遇之安坐一室而尙友千載其快愉有非芻豢之悅我口所得擬議者矣

研究之法　哲學史之研究法約有二種一則解剖的一則統合的解剖的研究法者在以精明透徹之識分剖解析其學說而求得其主旨之所在統合的研究法者在以研究之所得互相比較細爲甄別何者爲微言何者爲僞託何者爲大醇何者爲小疵知其契合一貫之所在而立數公例以統一之此二研究法雖互相爲用然由順序以推之要不得不謂剖解成於先而統一行於後焉

所當注意者則哲學爲深邃高遠無形之學有外見若相似而主義所在大相背馳者有一見若不同而細觀學說其實相通者凡此皆須識力透徹之故也而最須細心觀察者則其學說之傾向往往超於意外之方向達常智似解非解之點一或不愼差以毫釐謬以千里矣其爲害豈淺鮮哉

此外尙有須注意者則先畫一成見而强以學說穽入其中之僻習不可不痛絕也其下判斷焉須虛心平氣細爲衡量不可參一毫我見於其中蓋專擅之行爲決非攻道之士所可採用者也

古代哲學之區分　區分希臘古代哲學諸家各存異見聚訟紛紛德意志之游步

學術

愛古氏分爲二世期自詭辯派以下爲第二世期蓋因第一世期以宇宙萬有之研究爲哲學之目的至詭辯學派始以人間爲哲學之中心然詭辯學派者過渡之時代也無道義之標準乏眞理之原則彷徨於五里霧中東西莫辨悵悵何之丁斯時也有蘇格拉地者起立一定之標準依於原則參攷學理無異於古代哲學中開一新紀元故以氏別前後之世期最爲自然爾後哲學大昌至柏拉圖亞里士多德兩氏方諸前賢此爲盛軌迨至懷疑說興遂開神學一派一時古說復燃文教墜地希臘哲學自此息響矣今據以爲表揭之於左

第一時期

第一　伊阿尼亞學派

德黎

亞諾芝曼德

亞諾芝綿尼

諧隨諾、阿菩、亞婆尼

第二 意大利學派

畢達哥拉士

西派囇

愛披沙

第三 埃黎亞學派

芝諾芬尼

巴彌匿智

隋那

美麗囇

第四 物理學派

額拉吉來圖

唵披鐸黎

安那薩哥拉

學術

第五　分子學派

黎烏揭莕

德謨頡利圖

第六　詭辯學派

普羅特哥拉

哥智亞

第二時期

第一　蘇格拉地學派

第二　柏拉圖學派

第三　亞里士多德學派

第四　斯多噶學派

第五　伊壁鳩魯學派

第六　懷疑學派

前懷疑學派

後懷疑學派

第七　採摭學派

第三時期

第一　亞歷山太學派

第二　披衰哦諒學派

那拜德哥學派

學術

盎格魯索遜人種之教育幷中國今日教育之方針（續第一期）

毅巨

其五　彼之子女自幼時即使其當種種實際社會之事務而以干涉子女之行爲生活爲大戒或委之以實事以練其處世之手腕或示之以處理以養其實際的能力而其大目的則以養成獨立獨行之精神與智識爲第一義故英美人之富於常識也實自幼有以養成之也彼常曰社會者世界上之大學校也人之智識也學問也道德也皆自社會得之故欲教育其子女莫要於使之得應世之常識蓋彼以爲處理遇實際而顯故欲使兒女理解處理斷不可不根之於實事故曰飲食衣服交際應對皆學問也曰教育之處理與社會之實際相去愈遠則風俗之腐敗日益甚

所學非所用而腦力之衰耗益甚嗟夫若之何其不鄰于亡國絕種之慘也

其六 盎格魯索遜人實快活的人種也何以快活曰有希望彼旣理解進步之法則日日心目中常有一理想的極樂園在行行重行行終其身于希望之中即終其身于快活之中是以無論處何事常能百折不回必達其目的而後止此實彼富于勇氣之大原因也故彼之教其子女常使其快活之性情迎社會之困難而戰之其入社會也如勇士臨戰場焉不勝之不止若轗軻不遇嘆世路之難欲避世以求安樂則彼之所大忌者也

覘國之成敗興亡于其國民快活之氣象得之矣吾嘗謂兵可敗地可割欵可賠惟國民不可自喪其抱負快活之氣象覘國民之抱負大小以爲衡者也惟有抱負故能快活惟快活故能勇往能堅忍惟能勇往能堅忍故能成功數千年興亡之跡視此矣彼其軟如綿弱如柳一挫而即折者實根氣薄弱而失其快活之精神者也嗟夫吾觀中國種種不懼惟默察國民之精神上常若有朝不保夕頹然自喪自悲之一種苦痛在此實最可痛可畏之現象也志士志士爾不欲救中國

則已苟其救之則吾謂不首從此一點着想則中國終萬劫不復長此淪胥也

其七　惜乎『莫爲兒孫作馬牛』此實千古之名言而不意中國人之能理解此原理者竟無幾人也盎格魯索遜人之子女明知其父母不能爲己謀生活而扶助之常汲汲以自造獨立之地位爲第一義故彼雖一旦離父母斷不至自墮于非行爲惡社會所融化彼之父母常有捨數十百萬財產于公衆事業而不肯留絲毫以與其子孫蓋彼以爲父母對子之義務當在養成其子使之得獨立自營之品性與實力今若以己之財產與之是養之適以害之也故彼之子女不賴祖父之財產不賴祖父之門第而以不能獨立自營爲大恥自結婚以至職業之選擇父母悉放任之蓋所謂以成人視子女不以子女視子女也

其八　彼之父母非萬不得已之時斷不用親之權威以干涉其子女蓋彼固以使子女獨立成一人也彼以爲教育固重鍛鍊然一鄰于束縛壓制則子女之氣必弱而有害其獨立故彼等于子女之所爲用忠告勸導之時多用命令之時少彼與兒女語常以實際之事件爲題目儼然如與大人處者其所語之事則常在生存競爭

獨立自制諸點蓋以實力生活于實際社會固彼族之特色也

其九　彼常以强健其子女之體力爲天職雖然彼之注意又與尋常異彼不沾沾迫其子女以體操運動彼能使其子女理解體力應重之理常使其視體力爲神聖而養成其以自力處理之之習慣故彼雖幼兒其飮食衣服起居休息常能自處理之而各得其宜不過勞不過逸蓋彼實能自重之而自理之也

綜斯九點吾願吾國之言敎育者一一効之一一對之則吾中國之所以弱可以知矣雖然吾今者將以九者一一强望之我今日之國民吾知雖碎吾舌破我唇我知其效之必不能見也風尙者積之自地理歷史人種上種種之方面而始成亦旣相差遙遙一旦欲接而近之自非有雷霆疾風驅之未有能濟者也故世界各國之學校爲社會之子吾中國今日之學校當爲社會之母故改革社會之風尙其必自學校始者勢矣故吾今日言敎育終不得不歸結于學校惟須知今日學校之天職第一在養成學風第二在即以養成之風布之于社會舉其例則如日本維新時之慶應義塾是也日本當明治初年有新政府無新社會故百事不舉而風尙日壞當

時福澤諭吉卒能以其『獨立自尊』之主義提倡于社會而明治之新社會出焉故識者謂福澤氏實以竟明治維新之功云

然則今日學校苟欲盡此天職則其道又當何由曰有三義焉其組織當爲軍隊的其學問當爲普通的其精神當爲種族的而其總結則當以養成强毅規則之風爲第一義

所以必軍隊其組織者其目的有二一所以發達其組織力以養成整齊嚴肅之風也吾中國社會有最壞之現象一曰無紀律是也今試遊歐美各地則無論上自大臣下至職工起則同起食則同食休則同休無不有一定之規則此雖小事而社會紀律之整齊與否可以見也紀律者合羣之大原質也惟有紀律故社會習于協同動作雖萬其人而能一其心一其力中國人之無羣性實社會紀律之腐敗有以致之也故今日最要之事莫要于整齊社會風紀使之嚴肅有秩序而其道非用軍人不爲功蓋死生與共之精神與夫身使指臂之便利此則軍隊之所以可貴而亦國之所由立也此一義也一所以養成其强毅力以鼓吹勇往耐苦之氣也薄弱者吾

學術

中國向來固有之習弊也推其原于何起曰起于體力之不競自昔旣因地理政治上之感化後又以外族侵入民氣日即凋落至近數十年來一敗再敗而舉國之士咸垂首喪氣戢戢以待縶矣嗚呼漢乎漢乎彼斯老扶亦猶是人耳何以屢辱于蒙古而國卒復振彼匈牙利亦猶是人耳何以屢蹶于土耳其而氣卒不衰毋亦體力之足以勝人而精神亦隨之以振也當負戟歸來夕陽西去回念夫膴膴中原悠悠歷史又烏能不悲從中來念已往之事以誓將來也

所謂普通其學問者其界限亦有二一曰求世界人類之普通學一曰求中國國民之普通學吾國今日之學校其大端之缺點不一而學課之不稱亦一大弊也推其由蓋當初設學校之時辦此者心中未嘗有理想的人物以爲學生一定之目的故學生終生無卒業之期而學生之入此學校者又未嘗有一定之方向自期當變爲何等人物兩無所期而遂擲光陰于不知不識之中吁亦可憐而可痛者矣吾謂今日學問可求之自外而國民必造之自內故必依前一義以造成『人』之資格依後一義以造成『中國人』之資格毋取乎高深惟求其立于今日之世界之中國有萬

不可缺之一種道德智識氣力苟完也而學校之能事畢矣

所謂種族其精神者何也此軍人之妙用所謂感情的教育而實愛國心之源泉也而鼓吹之方法亦有二一曰取本族之英雄而崇拜鼓舞之以發其自尊之心一曰取本族之恥辱歷史而刺觸警動之以激其知恥之心舉其例前者則英之牛津大學是也福澤諭吉常謂牛津大學之教育不在講堂而在食室休息室中之幾張偉人之照相此感情之誘之以順者也後者如法蘭西之軍人學校是也普法戰史法人常以之作教科書此感情之激之以逆者也蓋使學生之腦中能時時有一異族在而其本族與異族交涉之歷史苟得一二善導者以激之使時時有動于中實智識與感情兩得其一者也大抵養其自尊之風而勿使流于固執激其知恥之心而勿使流于頹喪所謂對外有界則對內有羣也此爲今日學校中精神教育之第一要着

綜斯三者而新風氣可以言矣雖然猶未也則爲此事者之道德力是也吾嘗謂轉移風氣之力不在智識不在學問而在無形之感化力而感化力之大小一視其道

學術

德力以爲差故必其一人之道德力足以感及學生學生得之而成風氣焉則一小團体已成自此以後只有進步無退步矣夫風氣者至不可思議之物方機之未動雖擧萬鈞之力不足以轉其一二而及其轉也則又如水之就下不數時即能遍及『天下無難事只怕有心人』亦安知沈沈睡獅終無一人以蹴醒之也哉（完結）

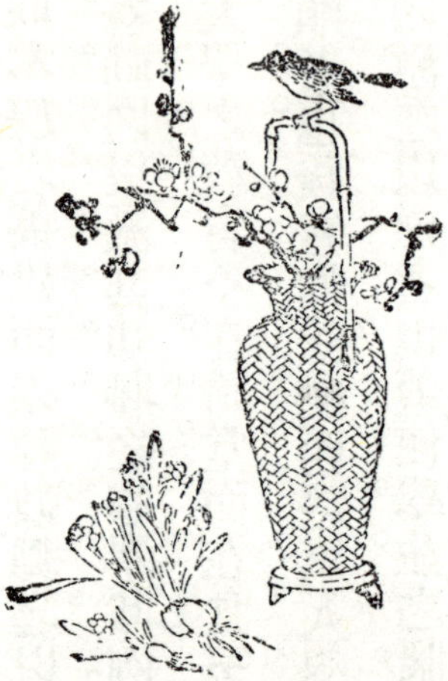

海軍教育系統談

瀧川學人

明治三十六年四月日本例舉觀艦式典禮日皇親涖神戶埠閱軍時本會會員亦往參驗益以時研究海軍教育之組織述爲海軍教育系統談惟此篇例入日本聞見錄旣以吾國方注重海軍而於海軍敎育則茫乎未之前聞有行之者其必以此篇爲嚆矢矣爰移入軍事門蓋重之也　本誌附識

教育必有系統何曰人之有四肢也失其一則爲跛爲跂爲聾爲啞無復或人焉者字之曰殘疾之人言失其所系也學校亦猶是其程度其學目若彼此不相聯絡不相應合支離渙散雖有百千學校奚益哉今夫地方人口之疏密國家政策之緩急先後以及國民之精力强弱皆於敎育系統上有絕大之關系設學伊始必先定其尺度曰吾校以造就何種學生爲目的卒業後則應入何種學校學成必入于社會

則經營何種事業夫然後敎者學者各有序可循而不紊否則普通未畢而使習專門小學未完而遽入大學毋惑乎日言敎育而人才終闃如也吾國數年以來開學堂者皆茫然不知此義尤可怪者計吾國輸入西法之序則以海軍爲最早嗚呼吾國何能談海軍海軍者帝國主義之利用物也吾國國力程度與帝國相距不知其若干度烏能談烏能談雖然國防亦係是焉今乃曰吾未敢言帝國遂幷國防而大隳之又惡足以言治耶曩者福建創立船政學堂主堂者爲沈文肅公公沈毅能任事雖規模未備組織未能完善要之國有熱心能任事之人則所事必有成立之一日矣昊天不弔碩果凋落李鴻章氏以三十年經營之全力甲午一役片甲隻艦無復存者蓋自是中國無能言海軍者矣今泰東西各國銳志于此不惜擲國中全力以謀占太平洋之海權其船艦之複雜其兵器之精奇其將校生卒之志趣精神皆非一朝一夕所能鍛鍊而成者千端萬緒要必自成立海軍敎育系統始吾攷海軍敎育各國微有異同日本創辦之始事事步武英國施及近年已足並駕齊驅而吾國續入筆舌萠芽時代蓋相距如此其遼遠也敢以參驗所得詳述日本海軍敎育

系統如左方。

(一)基本敎育系統

(二)高等敎育系統

(三)特科敎育系統

(四)選科敎育系統

其上復於海軍省設海軍省敎育本部置長官一人。定全國海軍敎育之方針實施海軍敎育行政事務是謂海軍敎育最上之機關列表如左。

海軍將校教育系統圖

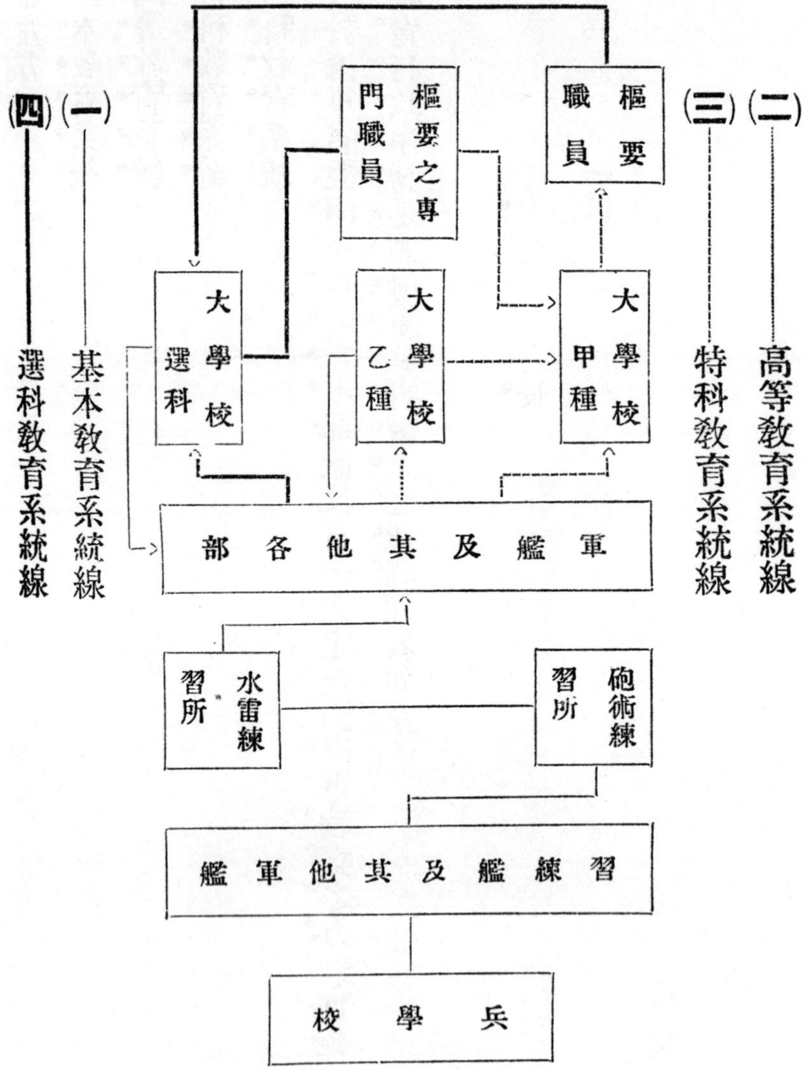
樞要職員
樞要之專門職員
大學校甲種
大學校乙種
大學校選科
軍艦及其他各部
水雷練習所
砲術練習所
習練艦及其他軍艦
兵學校
(一)基本教育系統線
(二)高等教育系統線
(三)特科教育系統線
(四)選科教育系統線

(一)凡中等學校卒業生而有志于海軍者試驗合格則使入海軍兵學校以三年爲畢業期畢業後爲少佐候補生乃派至練習艦及其他各軍艦實地練習以一年半爲期再入砲術練習所或水雷術練習所各以年半爲卒業期或先入水術練習所或先入砲術練習所均可畢業後則列入軍艦及其他各部供職是謂海軍基本教育系統海軍機關學校與海軍兵學校程度相等同爲海軍基本教育

(二)軍艦及其他各部中之中少佐有智勇謀略得可造就而又富于思考力及判決力者則選拔之使入海軍大學甲科以爲他日樞要職員備統率海軍之用是謂高等教育系統

(三)軍艦及其他各部中之將校有長于專門之學可大成者則使入大學乙科以爲他日專門樞要之職員是謂特科教育系統

(四)軍艦及其他各部中有欲研究一科如水雷術無線電線等學者則使入大學選科是謂選科教育系統

甲種學生學科一覽表

學術

- 帥兵術
  - 法學
    - 國法學
    - 海軍刑法、治罪法
    - 國際公法
    - 海法
  - 用兵學
    - 海軍戰術
    - 海軍圖上戰術
    - 海軍兵棋
    - 陸軍戰術
    - 陸軍圖上戰術
    - 戰史
  - 軍政學
    - 經濟學
    - 經理學
- 數學
- 物理學
- 化學
- 寫眞術
- 外國語學
  - 英學
  - 法學
  - 俄學
- 軍器學
- 交通學
- 築城學
- 航海學
- 海岸測量學
- 海上氣象學
- 歷史
  - 砲術
  - 造船學
  - 機關學
  - 水雷術
    - 攻擊水雷
    - 防禦水雷
- 實習
  - 海岸測量
  - 陸地測量
- 見學
  - 演習
  - 軍港
  - 軍艦
  - 要塞
  - 氣象臺
  - 諸製造所

豫科（實線框）

隨意科（虛線框）

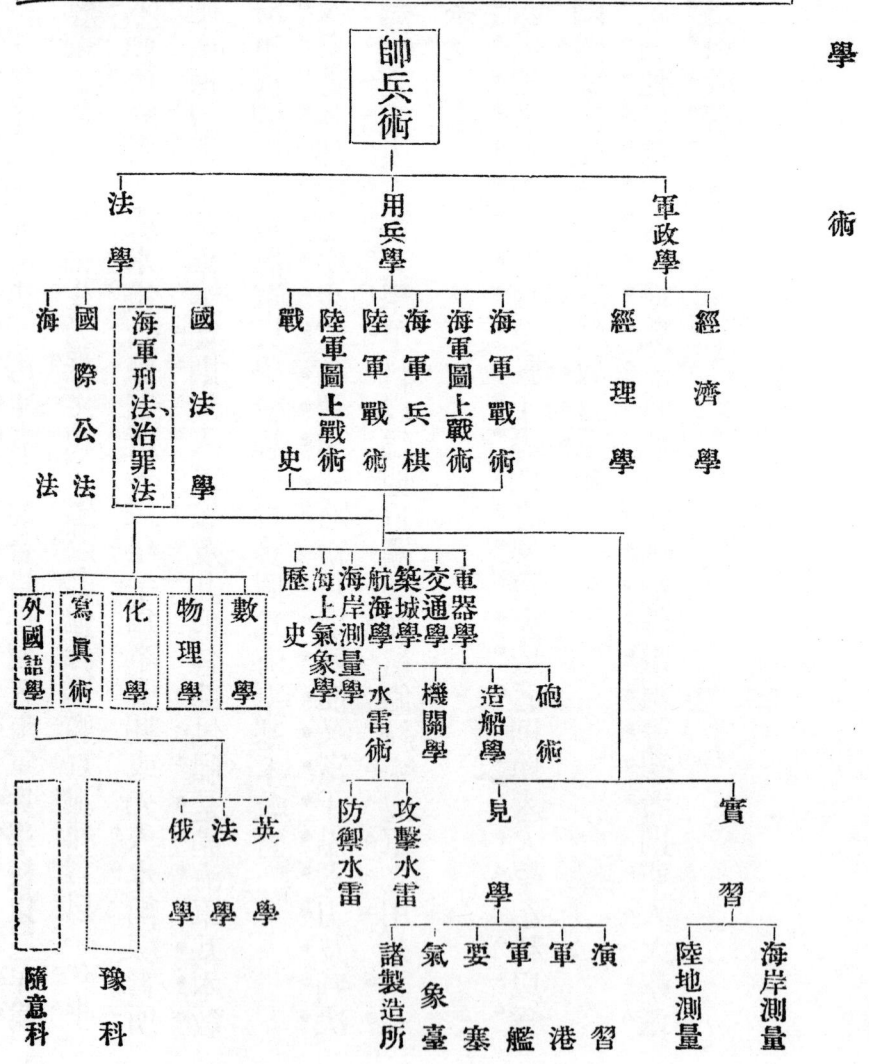

乙種學生學科一覽表

軍事

- 專科
  - 航海術
    - 造船學
    - 機關學
    - 築城學
    - 航海天文學
    - 羅針修正
    - 海上氣象學
    - 海岸測量學
  - 砲術
    - 造船學
    - 機關學
    - 築城學
    - 彈道學
    - 造兵學
  - 水雷術
    - 造船學
    - 機關學
    - 築城學
    - 海岸測量學
    - 攻擊水雷
    - 防禦水雷
  - 見學
    - 軍港
    - 軍艦
    - 要塞
    - 氣象臺
    - 諸製造所
  - 實習
    - 海岸測量(水雷科航海科)
    - 砲術練習所(砲術科)
    - 水雷術練習所(水雷科)
  - 數學
  - 物理學
  - 化學
  - 力學
  - 應用力學
  - 外國語學
    - 英學
    - 法學
  - 海軍刑法、治罪法
  - 寫眞術

[ ] 隨意科

[ ] 豫科

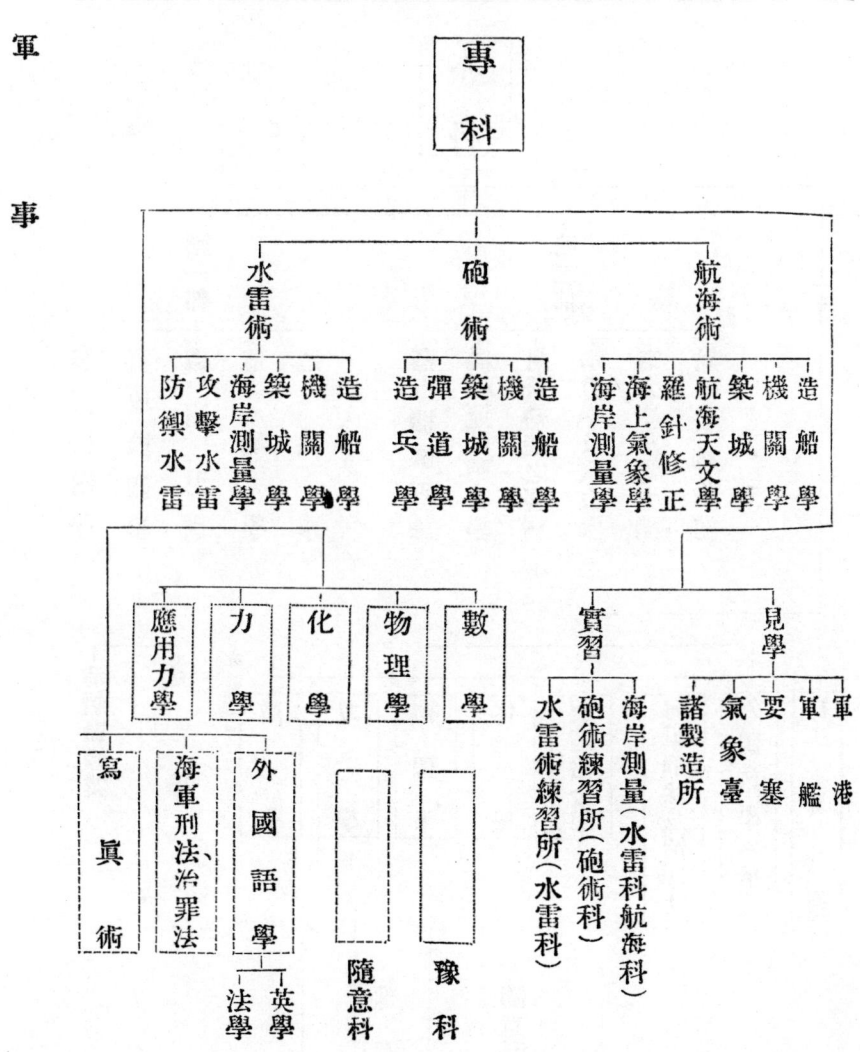

學術

機關科學生學科一覽表

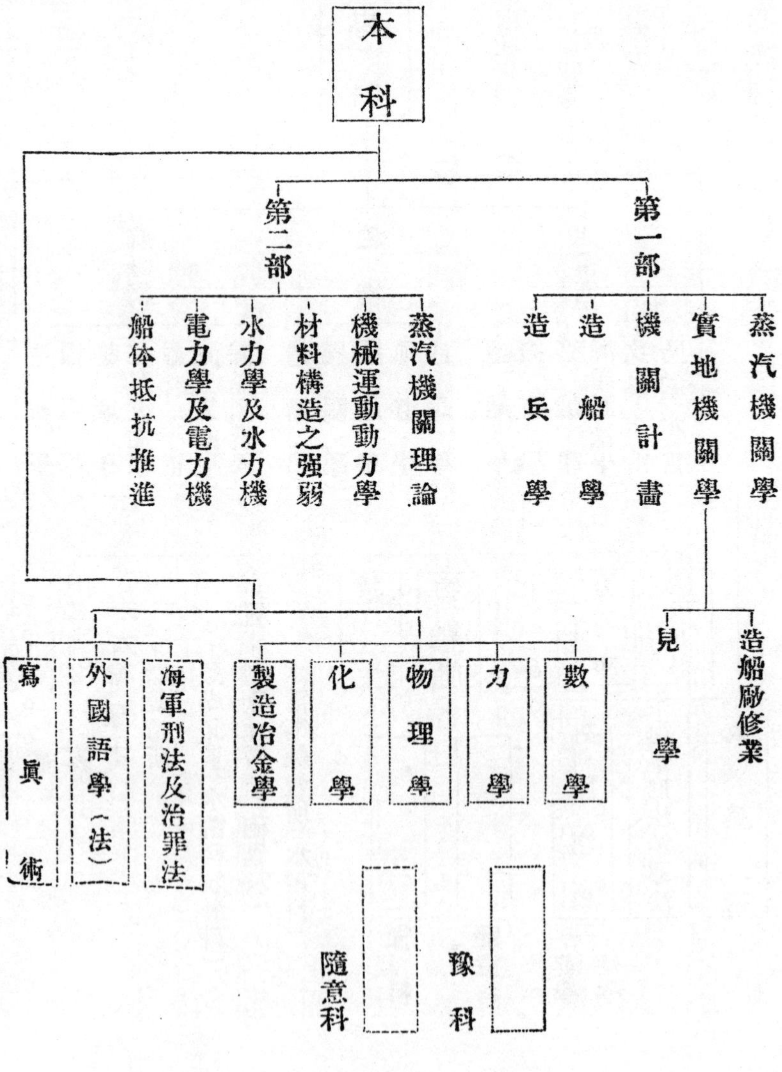

各學校之教授科目及系統連絡之事。更詳述之。

海軍大學校甲科之程度及科目

甲種將帥科之學生以兵學爲主而以他學科輔之其教授科目之要領。則有

戰略及戰術科　海軍戰略及戰術之原理原則及其他種種問題各學生當盡力鑽研之陸軍戰術則研究海陸聯絡作戰計畫及實施上必要之事項

戰史　以諸海戰之原因結果及實況爲基礎研究戰略戰術應用上得失勝敗諸事與海軍相關連之陸戰史亦包含此科目中

軍政學　研究軍事之組織若何編制若何及其他軍備軍事一切行政上之事

軍器學　教授各種兵器彈藥爆發藥及船艦機關等至要之事項

航海學　教授氣象學海岸測量等及其他關于航海上至要之事項

國際法　以海上國際法爲主於海軍將校所當研究之範圍內教以實行適切之事項

築城學　教以築城上地点之選定堡壘之經營及編制及其他海岸要塞之攻守

事項特注重于海軍築城之事

◎普通學◎　數學理學力學及應用力學爲必要之補助科然本科學生之目的不在修明源遠之學科故當以切于實用者爲主并可視學生學力之若何而斟酌取捨之

（未完）

地理

地人學

壯夫

第一章 性質之研究

處廿紀之中而欲占一席于大地上者其必世界民 Weltmann 乎世界民者非若古之持博愛主義而于國界種界概乎而未有聞者也故必知我爲中國之我而中國又爲世界之中國則世界者我亦與有分也自汽力發明環球一室既不能繭足于一山一水之間與木石居與鹿豕遊任天然之障礙逆世界之風潮況夫電學日精功參造化不轉瞬而將爲空中交通之世界乎嗟嗟亞人有本來文明而蹩躄靡所騁如此歐人僅轉來文明而綽綽有餘裕如彼一在天然一在人力而已有天然而無人力雪山峩峩恒河滾滾徒爲英倫之殖民地耳若夫人力攸居雖好望角之凶濤西伯利之凍冽而不能稍挫其東亞雄飛之大志者其冒險耐勞之力爲何如

哉毋亦『世界我有分』之思想有以致之！嗟我國民盍一登崑崙之巔覽世界之大勢吾知其必怵然于無國之痛奴隸之慘愛國熱血增長五斗而又曉然于萬事之皆在人爲非可假天然之利便以苟安者也

是故當知地理學乃歷史的而非現世的也人爲的而非天然的也何以言之地理學者諸學之基礎也未知地焉知天故吾人之智識以地始以天終證之于史班班可考殖產也政治也美術也文學也宗教也皆憑地理而入于人爲者也人類由游牧而進于奠國端賴夫農農殖產也有農則政治之機關備而人民始安居樂業矣民惟安居樂業乃有以盡心思于美術文學而社會之風彬彬矣然一國之民林林總總稟賦不能無差等意志不能無向背者也則不得不創一物焉以聯絡之統一之而宗教出矣宗教者固野蠻時代所必需之物然其敝則天地黯然無色矣雖然進化者宇宙不易之大原則而人爲之力又能轉禍而爲福去否而就泰也宗教革命則文學復而科學精至十九紀則又進于政治世界二十紀則又進于殖產世界雖若循環實則進化不已五千年有史以來龍門虎爭風雲變色之活劇演而彌進

成毀相因要皆根據于三千三百萬方里之大舞台也吉田松陰有言曰『離地無人離人無事欲作事者宜治地理』嘻知此可與言地人學矣

地理之關係于殖產政治美術文學宗教者吾今掇拾一二驗之以人爲按之于歷史善悟者苟于此而有得也則地人學之效用正無窮耳

一地理與殖產　無地理之殖產乃野蠻人之殖產不得謂之殖產我食我耕我衣我紡此原人之狀態無交通思想者也汨夫地理智識日漸發達于是財富增加而人生之快樂亦益進不觀夫腓尼西亞人之探險于北海與波羅的海乎促衣掊利半島 Iberia 之殖民成卡笛士 Cadiz 達的斯 Tartessa 兩市之建設又不觀夫十字軍之遠征乎本無商業目的顧能攜波斯印度之市場悉紹介于歐洲而文尼斯 Venice 勿羅龍斯 Florence 之隆盛實此無功戰爭之影響也他若喜望峰之周航美利堅之發見則又彪炳于世界殖產史以闢從來未有之奇觀

一地理與政治　不學地理學不足談政治何以言之英之雀日 Chatham 大政治家也觀兩半球之地勢察索遜民族之將來而使舊教專制之法國不得伸侵掠

之手段者雀旦氏地理學上之本能也德之毛奇壯歲遊全歐計聯邦之策使德意志民族擴張于來因河之左岸者毛奇氏特嗜此學之結果也拿破侖司令歐洲播自由之種子人徒驚其天才不知彼幼少之時捧地圖一卷于樹陰籬角熟覽沈思視爲無上之樂者葢亦養之有素也

一地理與美術文學　地理之于美術文學猶慈母之于其子也其在吾國黃河磅礡鬱積一瀉千里故北人之文似之長江秀逸搖曳不染點塵故南人之文似之其他若書若畫咸有二派而無不與其地理有直接之關係然自縱流之運河通而南北之界微矣其在歐之大陸南部天朗氣清惠風和暢故拉丁民族獨以美術雄天下然自交通徧調和起而亦漸趨于同一矣其在英倫詩人華特華 Wordsword 建白于代議院築鐵道以聯貫卡排蘭惠斯摩蘭之二大勝地以養國民之高尚思想人擇之能有如此者

一地理與宗教　誰謂談宗教可不言地理誰謂讀宗教歷史可不研究地理無山不秀長空一碧美麗之羅馬教之所以產也惡浪滔天北光閃雪拜阿欽神教之所

以行也觀撒哈拉之不毛泥羅河之紛雜即可知埃及教之無目的無意味者非無故也不讀猶太地誌則猶太基督二教之源流末由明辨而誤解之人之所以多也慨自宗教自由人治大進野蠻宗教將不滅而自滅則宗教統一之日或不遠矣

以上所述言焉不盡語焉不詳然舉一反三奚待絮絮今更就地理之與世界觀念而引伸之英倫三島國旗輝大地不與日出入固由于地富煤鐵足以馳騁全球然其主腦要在國民之勤勞活潑三尺之童無一不喜讀魯賓孫漂流記無一不喜游泳競舟無一不喜蒐集萬國郵券其遠大之氣魄勇毅之精神眞令人拜倒也且不僅此歐美男女無不喜旅行探險雖深山孤島極徼窮邊亦必一涉足歷死而不悔惟其然也是以享世界之幸福而將爲全地球之主人翁也我國民則大反『在家千日好出外一日難』之思想深印神經眼簾耳鼓之所接者不出咫尺之地惟其然也所以爲列強之魚肉而成地球上最危險之人也嗚呼痛哉故救之之法其必自地理教育始

（未完）

維廉蒲斯夫婦合傳

喋血生

蒲斯夫婦何人也世界的普救主也蒲斯夫婦何人也有彼而乃造世界有彼而一切衆生乃眞有父母也

「慈悲!!! 汝聞此語乎慈悲!!! 汝解此語之力乎慈悲!!! 汝可不深究此語之隱乎慈悲!!! 吾願借汝以滅絕生老病死一切苦慈悲!!! 吾願負汝爲旂幟以廻繞於世界勾銷罪孽字」

大哉願力乃蒲斯弱冠時與友人書之一節開救世軍門戶之鍵也

救世軍何謂者也日日革命日日倒政府日日爲衆生求平等自由儼然行軍於通都達衢交戰於淸天白日有聯隊有士官有將校戰也有令守也有法吾嘗過繁華都會車轔轔馬蕭蕭電光雪白游人雜遝忽救世軍來戰鼓冬冬戰旂舒舒軍樂交

作一領國民軍口且演足且進威風凜凜羣攝足避道莫不呼且祝曰大慈大悲救世軍萬歲!!!萬歲!!!

而奈之何政府不禁之而奈之何政府不阻之噫無能爲力也救世軍者日日革命日日倒政府日日爲衆生求平等自由蓋空中樓閣借題發揮同胞能受其影響政府不能攝其根據救世軍者實借宗教的面目爲旂幟也

善哉善哉吾拜倒救世軍之志願吾拜倒救世軍之力量吾數其軍士今凡四千二百九十餘聯隊吾調查其指揮長今凡一萬六百餘上將吾瞻望其軍旂翻于世界者今凡三十四國救世軍團的運動有王黨有政黨有溫和黨有進步黨有革命黨有虛無黨有無政府黨合一切社會人物一鑪而鑄之救世軍團的事業有勞働紹介局有醜業婦救濟會有罪人保護處有失業人工塲農園殖民地有施藥所有施食所有貧苦投泊所有孤兒院有義葬地有苦學界男女各學校有萬國矯風會有普救赤十字會凡一切慈善事業一網打盡之雖然此石破天驚之事業誰實爲之於今三十年前英國無名之宗教家今日有名之救世軍主將維廉蒲斯夫婦身創

者也

千八百二十六年慈悲之父蒲斯誕生日也千八百九十年慈悲之母蒲斯夫人永眠日也蒲斯少孤而夫人則少哀蒲斯之慈悲以家庭之愛情而養成遺傳性夫人之慈悲以宗族之苛刻而生出反動力蒲斯則年十五借宗教說以燃着其熱心夫人則五歲牙牙讀聖書以養成其愛力蒲斯年二十三爲演教會長夫人年十二爲少年禁酒會書記蒲斯嘗曰有迷性的人乃有作爲夫人嘗曰有慈善心乃有犧牲心嗚呼蒲斯不得夫人如出陣無旂幟夫人不得蒲斯如登塲無鑼鼓千八百五十五年蒲斯與夫人遂結婚

嗚呼蒲斯夫婦者實天生之一對普救主也當未結婚以前親戚故舊有逼二人婚姻者蒲斯則曰慈悲我婦也夫人則曰慈悲我夫也此二語實彼之定情詩也

千八百五十五年實蒲斯夫婦成功之紀念日也邇時一對佳兒婦喁喁私語十年愛慕一日訂交新婚未彌月遂移居於東倫敦貧民窟之中心點借克愛卡宗之墓塲乃演社會平等主義以爲小試而臨席者莫不血如潮奔騰不已心奇癢搔之無

從鼓吹久之而此墓場遂爲救世軍脫胎地

當時借墓場爲演壇者屢雖然蒲斯夫婦精神界上誠遇不可思議之快樂而形質界上則困難不止焉其登演第九次時以烈風橫雨吹撒其天幕乃狼狽散會貸演說所而續之主人翁以會員皆衣冠藍褸下逐客令不得已復借廢寺爲會場時則盛夏凡毒蛇微虫無不願聽普救法語而來莅席且斷釘殘瓦亦時時點頭而飛下誤擊會員見血者再吁嗟乎迫之使飛逼之使走蒲斯夫婦乃千辛萬苦組織一勞働界衆議所此即今日之救世軍參謀部也

而翌年救世軍血及火之軍旂亦飄飄出現於世界（血者聖靈之血火者聖靈之火也）而救世軍之集會愈富而救世軍之人員愈衆而蒲斯遂草救世軍律書凡七百頁其發端則曰「凡遇攻擊有進無退進則成功退則自殺」偉哉偉哉軍國民之精神何踰於此乎

救世軍者非僞以熱血爲國民灌自由花眞以熱血爲國民灌自由花也夫英吉利旣訂有宗敎自由之憲法救世軍無從禁焉而殺人之罪則有之蓋救世軍草創時

國中流民多反對之第一次行軍羣無賴託討戰以與之惡作劇遂以互毆致命裨將三人坐殺人罪而受戮蒲斯亦下獄焉悲夫短命救世軍一潰而不振哉否否蒲斯既下獄熱血如火牢燈如豆悲風激楚冷星稀微而其創救世軍之希望如病相思愈不容治遂帶縲絏草救世軍雜誌夫人則疲唇繭足東撒一粒子西放一把火奔走既一年蒲斯出獄而轟轟烈烈救世軍乃歡迎主將於獄門

夫救世軍之構造皆自然長成也救世軍於世界之運動皆自然發達也蒲斯既創救世軍於英吉利千八百七十二年其健將迦米伊遊歷美洲慨同胞困苦彼自視曰『救世軍乎吾願借汝作香花甘露』于是美國救世軍旂樹翌年謝泳柯妻及沙温達雅旅行濠洲而濠洲之救世軍旂樹千八百七十八年其長子遊瑞典識奧克特爾祿尼女士極力運動而瑞典之救世軍旂樹救世軍者如野生之花自然生殖于諸國於是蒲斯夫婦世界大運動之希望起

千八百八十一年乃遣其長女爲司令官率軍隊一以入佛蘭西翌年入瑞士夫瑞士者自由世界之中心點也若政治亡命者若無政府主義者若虛無黨革命黨而

地主皆倒屣迎之獨救世軍入偏待以閉門羹時或推倒其軍旂時或貶竄其將士而救世軍則有進無退死戰久之遂佔得瑞士爲殖民地次乃入和蘭白耳義彼都人士歡迎之入德義志伊大利則冷嘲熱罵大受勁敵救世軍終戰勝之乃遶道入丁抹及波蘭由美洲之救世軍入加奈太由瑞典之救世軍入瑙威由波蘭之救世軍入俄露斯次則入阿非利加入印度入日本嗚呼其何日來支那也我臨風九頓首率四萬萬同胞香花請香花迎

旂翻日所出入處功到天爲歌泣時救世軍之澎漲力亦大矣哉雖然駒光走日蟬鬢粘霜英雄老矣蒲斯夫婦年幾七十矣然而其慈悲心則如嘗蔗愈老而味愈滋乃述其逸事作此齣之餘韻

蒲斯氏名維廉生于英國之納經杜畫謨父多才而夭孤苦煢煢戰飢寒戰疾病而母則慈愛蒲斯於危難中尙不致顧影自憐焉年十五以傭保博衣食然好與教士游每偸閒列祈禱會或邀侶伴賃小屋習演說每鄉里災害疾苦必親訪慰之凡星期則旅行鄉僻每見有敗壞道德事必極意爭諫蒲斯年七十餘以規勸社會而被

惡徒鞭至血者二十一次而彼則怡如也嗚呼每日暮濘泥滑滑手按傷痕口誦讚美歌聲音洪亮是蒲斯歸來時也

翌二年彼之心血熱度達極點遂投身入敎會或主張于田舍或表白于檻獄至二十三遂爲敎主過此以往是彼救世軍出陣時代也

蒲斯之慈悲所謂生物一致也故年且七十餘而口未嘗食肉精神勃勃時手草救世軍雜誌理萬國本營事務夜以繼日孳孳不倦其與夫人締姻也在千八百五十五年夫人名克若靈幼而失恃寄生于叔母家受苛刻冷淡之家庭敎育有年焉父馬克福兒特爲英國名牧師性尤嚴謹故夫人于讀聖書外一切書冊禁閱之然夫人幼慧五歲能背誦聖書年十二少年禁酒會起夫人投身任書記私著禁酒會雜誌是時思想已大發達父氏評之曰爾果女政治家材也雖然非爾福益益禁錮其靈魂而夫人則忍淚吞聲泥塗幾十年卒化龍而飛去

夫人之慈悲是先天的也兒時偶遊於市見醉漢爲巡查拘群尾其後而嘲弄之夫人痛責之曰人苦不自知鏡何爲者也而諸君徧非笑之罪孽較醉漢大羞恥較醉

學術

漢甚也羣爲駭汗郤走復于途中見少年策一驢夫人追之仆者幾卒及而痛警之及歸視額則已觸石血汗矣每郊游遇羸馬飢嘶戀食時竊家中餘糧餉之千八百四十四年移居倫敦夫人爲星期學校敎員與蒲斯邂逅遂訂好因緣焉

千八百九十年救世軍凱旋而夫人乃謝世繞棺哭者二萬人服母喪者三十四國雖然普救主老矣而家族之一隊健將起今日爲萬國本營參謀長者其長子溥朗懷兒也今日爲美洲救世軍指令官者次子拔靈杜敦也今日爲佛蘭西瑞士荷蘭白耳義救世軍指令官者長女克迦陵也今日之救世軍士官學校長其次女愛麥莫司也今日之救世軍農業殖民部長其三男哈孛德樸亞獨也若四女愛番柯利則爲加奈太救世軍指令官五女露西美盧雅獨則爲印度救世軍指令官若三女馬利音則爲主張庶務焉嗚呼救世軍乎雖世界沒日吾知其軍旂猶高樹于氷天雪海中搖如灰之落日也

讀救世軍蒲斯夫婦傳令我夢令我歌令我愛慕不止而乃言曰惟慈悲之人乃有志願惟慈悲之人乃成事業惟慈悲之人乃爲英雄盧梭排犬鬭卒爲國民流血之

先鋒美世兒放籠鳥爲無政黨女將軍之魁傑慈悲!!!慈悲!!!我乃合掌膜拜致心皈依曰願以此功德普及於一切布施於有情一切登樂土

（完）

學術

氣體說

何燏時

凡天地間物質。印於吾腦膜。吾得認其形狀之互異。接於吾觸官。吾得而別其感覺之各殊者。無他吾人內部之觀念。固由受外界各物質之戟刺而起者也。然化學家研究此等物質。統括而爲三類。曰氣体、液体、固体。

夫目爲物質。何以或凝結而爲固体。或流動而爲液体。或漲縮而爲氣体也。曰此現象之起。由於各物質結合之分子既異。則作用於其間之力自殊。而物質之剛柔。分子振動之遲速。所因之而起也。如水本爲液体。而加熱至攝氏一〇〇度。則氣化而爲水蒸氣。硫黃本固体也。熱至一一五度。即融解而爲液体。至四四八度。則沸騰而爲濃褐色氣体。如此由固体而爲液体。由液体而爲氣体。其故盖由各物質分子間結合力。俱有一定極限。過其極限。則內力即不能抵抗外力。而保持其固有之狀態不失温度愈高則外力愈大分子間結合力既爲所勝於是各分子俱受此力之作用而使其分子之振動愈速也故明分子力之說而氣体液体固体之關係不難解矣茲舉氣体最重要之性質數則而說明之

氣体之通性

凡氣体之物質本無一定形態故遇任何空間必充塞之無遺而其所占位置亦較他物質爲多并嘗服從於一極簡之原則

一定量之氣質而欲其有一定之容積必使其在同一温度受同一壓力而後可故表氣体容積之式爲 $V=F(P,T)$ 此函數中 P 爲壓力 T 爲温度猶言容積 V 之增減隨壓力 P 及温度 T 而變化者也

氣体容積之增減常與其所受壓力成反比例此原則爲薄以兒氏所發明(1662)其代數式如下

$$V : V' = P' : P \quad 或 \quad VP = V'P' \quad \cdots\cdots(1)$$

上式中 $V.P.$ 及 $V'.P'.$ 爲同一氣体在同一温度時相應之容積與壓力之變化即

温度不變則容積與壓力相乘之積常為恆數此原則無論何種氣体并其化學性質如何皆受同一之統御

氣体容積與温度之關係為盒魯撒克氏及達爾頓氏所發明依此原則而氣体容積常與温度之變化為正比例

如有氣体在零度時受若干壓力其容積等於一則其在一〇〇度時受與在零度之同一壓力其容積必等於一・三六七即温度每增一度其容積必增〇・〇〇三六七或增其在零度時容積之二七三分之一也此〇・〇〇三六七之數曰氣体漲率其代數之關係如左

$$V=V_{0}(1+at^{\circ})\quad\cdots\cdots(2)$$

上式中V_0為零度時氣体所有之容積V為温度t°時之容積a為漲率

如增其温度而欲其容積不變必同時增其壓力而其所應增之數易自薄以兒氏之原則算出設如氣体因受熱之故由容積V_0膨脹至V今欲其在温度t°時再壓縮其容積至V_0則依薄以兒氏原則必使其在零度時之壓力P_0變為t°度時之壓

力P也即

$$P_{o}:P=V_{o}:V \text{ 或 } PV_{o}=P_{o}V \cdots\cdots(3)$$

以⑵式中 $V=V_{o}(1+at^{\circ})$ 代入此式則

$$PV_{o}=P_{o}V_{o}(1+at^{\circ}) \text{ 即 } P=P_{o}(1+at^{\circ}) \cdots\cdots(4)$$

如此則容積不變壓力依温度而增之比例與壓力不變容積因温度而增之比例相等也故每度壓力增加之數（即張力係數）與漲率相等

如氣体之容積與其所受壓力俱令其任意變化則容積與壓力相乘之積亦必隨温度之變化而異其公式如下

$$PV=P_{o}V_{o}(1+at^{\circ}) \cdots\cdots(5)$$

依⑸式如已知其温度t°及壓力則在標準温度（即零度）與標準氣壓時所占容積V。即可算出尋常標準數因欲其便於改算故常使爲一定即以零度爲標準温度一氣壓（此時其重量等於七六糎高之水銀柱即均一〇三三一格蘭姆之重量）爲標準氣壓也故

$$V_{\circ}=\frac{PV}{P_{\circ}(1+at^{\circ})} \quad \cdots\cdots(6)$$

上式乃化學實驗上最重要之公式也。

氣体漲率既爲〇•〇〇三六七詳言之即温度每昇降一度氣体之容積必漲縮其在零度時所有容積二七三之一則加熱至二七三度其容積必倍於其前在零度時所有之容積反之冷至零度以下二七三度則其容積必至消失據現今化學之進步負二七三度之温度尚不能以法求得然此雖係推理之說研究化學者常假定此定理爲眞確無誤今如命此温度曰絕對溫度而其記號爲T則依上定義$T=273+t$ 即 $t=T-273$ 以 $T-273$ 之數代入 $PV=P_{\circ}V_{\circ}(1+at^{\circ})$ 式中則得

$$PV=P_{\circ}V_{\circ}\left(1+\frac{T-273}{273}\right)=\frac{P_{\circ}V_{\circ}}{273}T \quad \cdots\cdots(7)$$

然$\frac{P_{\circ}V_{\circ}}{273}$爲恆數今如命此數爲R則得式如下

$$PV=RT \quad \cdots\cdots(8)$$

故氣體容積與壓力之變化常與絕對溫度成比例

氣体動力之原則

氣体既易於漲縮如此則其分子間具一種互相斥逐之力甚明然化學家推論此力以爲與地球引力互相類似則仍未得明確之氣体之學說故化學家嘗棄去其力之觀念而以爲氣体分子間嘗具一種固有之運動如得一有力之假定如下

依此假定則氣体實爲無數分子合成其各分子又以極大速力振動不已故一遇自由空間其分子即向抵抗力最弱處衝入而充滿之甚速又以其往來振動連續無休故平均每單位立方中其含有之分子數俱等轉言之即其各處密度俱爲均一也

各分子運動之時其速力甚大且向各方向發散故當其衝入空間時一遇阻隔處即因其彈性跳而返射然前者既返後者復繼之如此跳動不息隨生一種壓力於牆上而此壓力之增減與分子之數之多少物質量及速度之大小相比例甚明」

今欲求此壓力之法先設想一單位立方之容積使其各邊皆等於一其內所含有

之分子數爲N。此等分子。又皆爲同種物質。幷有同質量M。及同速度C。又其向各方向之運動亦俱等。

先以向任何方向運動一分子之速度爲C。則依動力原則。分解其速度C爲各互相直角之三分力X、Y、Z、且使有$X^2+Y^2+Z^2=C^2$之關係。

X、Y、Z、三分力。使各平行於立方之各邊。則以速度C依斜方向而觸於牆之作用與以垂直於牆之分力觸於同處之作用相等。今如以X爲垂直於牆之分力。則此一分子之作用。爲 2MX。因其前進與壁相觸時。既失其運動量 MX。而因其完全彈性。故跳廻時。復以 MX 之運動量。向反對之方向而進也。

此作用在單位時刻間。共擊觸兩平行面 $\frac{X}{l}$ 次。故每分子之總作用爲 $\frac{2MX^2}{l}$。

依同法。各求得Y、Z、兩方向之作用各爲 $\frac{2MY^2}{l}$ $\frac{2MZ^2}{l}$ 故一分子在各立方面之作用爲 $\frac{2M}{l}(X^2+Y^2+Z^2)=\frac{2MC^2}{l}$。然立方之面爲六。故欲求每面壓力。即以所有面數除之。即得。故 $P=\frac{2MNC^2}{6\times l^2\times l}=\frac{2MNC^2}{6\times l^3}$ l^3 爲單位立方之容積。即V。

$$\therefore PV = \frac{1}{3} MNC^2 \quad \cdots\cdots\cdots\cdots (1)$$

此方程式即依上假定所求得之關係也如氣体之量爲一定則其右邊之相乘積亦爲一定故壓力與容積之乘積常等於一恆數薄以兒氏之原則亦可由此式推得也

上式中 M 爲質量 N 爲分子數故 MN 爲氣体全質量但 $M\frac{C^2}{2}$ 即動能力

故此式又可改書如下

$$PV = \frac{2}{3} MN \frac{C^2}{2} \quad \cdots\cdots\cdots\cdots (2)$$

即容積與壓力之相乘積等於其動能力之三分之二也

氣体之種類雖異如其容積與其所受壓力等則其所有動能力亦等

如高其溫度則壓力與容積俱增而其相乘積亦必增然右節兩因數中 M、N、俱爲定數故溫度如變則氣体之速度以其平方比例而變也

上式不僅證明氣体與溫度之關係而挨服盖特羅氏所發見之凡兩異種氣体如在同溫度受同壓力則其同容積中所含有之分子數俱等之原則亦可由此推得

如命A氣体之壓力爲P_1容積爲V_1B氣体之壓力爲P_2容積爲V_2則

$$P_1=P_2 \quad V_1=V_2 \quad P_1V_1=P_2V_2$$

然 $P_1V_1=\frac{2}{3}M_1N_1\frac{C_1^2}{2}$，$P_2V_2M_2N_2\frac{C_2^2}{2}$ 各以2/3除之則

$$M_1N_1\frac{C_1^2}{2}=M_2N_2\frac{C_2^2}{2} \quad \cdots\cdots(3)$$

然温度相等之時兩氣体之動能力俱等故

$$M_1\frac{C_1^2}{2}=M\frac{C_2^2}{2} \quad \cdots\cdots(4)$$

(4)式除(3)式得

$$N_1=N_2 \quad \cdots\cdots(5)$$

是以容積温度壓力俱等則其分子數亦等

天地有正氣　雜然賦流形
下則爲河嶽　上則爲日星
于人曰浩然　沛乎塞蒼冥
王路當清夷　含和吐明庭
時窮節乃見　一一垂丹青
在齊太史簡　在晉董狐筆
在秦張良椎　在漢蘇武節
爲嚴將軍頭　爲嵇侍中血

大勢

各國內情

極東經營

國學社招股簡明章程

一本社集股二百份每份五十元

一凡與股者交足股銀後本社即給與股票息摺為憑

一股銀永存本社作為定本惟股票可以轉售他人承買他人股票者須持舊股票息摺向本社換給新票新摺

一每股官息週年一分於每年十二月派發（官息俟收到股銀之日起算）

一每年所得紅息提三成為公積其餘七成股東分三成編輯人分三成經理人分一成

一紅息於每年十二月清算正月派出派息時先由會計作函或登報通知各股東至期即持息摺至會計處支取

一本社每一年刊發徵信錄一次變與各股東查閱

一本社每年正月開會議一次集股東編輯人經理人公議決定本年辦事之方計

一開會時股東遠隔或因他事不能到會者可具函示其意見其意見亦加入採決之數

一所給股票息摺有遺失時可覔妥人作保至本社會計處重領新票新摺日後尋出舊票摺即作廢紙

一本社日後若擴張事務添招股份時先儘舊股東如不足再招另新股

另有編輯章程　經理章程

茲由社員擇要分編之教科書擬先出若干種如左

中學讀本……秦毓鎏稽鏡張肇桐合編

中學文典
中學國史（上古史　中古史　近世史　現世史）……汪榮寶編輯

外國史……董鴻禕編輯

中學本國地理志……葉瀾編輯

外國地理志……王嵩基編輯

法制教科書
經濟教科書……周逵編輯

小學讀本……秦毓鎏稽鏡張肇桐合編

小學文典
小學國史……汪榮寶編輯

小學地理志……葉瀾編輯

以上各種成書之期以開辦半年後為限其餘續行編輯之書甚多略擬目如左

中學倫理教科書　中學唱歌
中學生理教科書　小學唱歌
中學博物教科書　漢字典
小學格致教科書　漢譯英字典

發起人　汪榮寶　董鴻禕　張肇桐
葉瀾　王嵩基　秦毓鎏
周逵　黃鐸　稽鏡　仝啓

總理人葉瀾

各國內情

孟魯主義（續第三期）

愛孟魯者

雖然試執一方面以求孟魯主義之眞相則又索之不可得舉之不能全猶淺之乎視孟魯主義也孟魯主義者流質的而非定質的者也圓体的而非方体的者也謂無定義定義固在謂有定義定義固何在故關于美洲所處之地位與所歷之時代而此主義為之魂即關于非美洲所處之地位與所歷之時代而此主義亦隨在貫注而未嘗或洩也孟魯主義乃神妙不可猜度也如是

然則解決之將若何曰是非于種種方面上而尋索其眞神又求之於法律的十分確定之處而一一按合之不可今夫地位非一定而不可移易者乎然有至變至化至不可懸擬之時代以運動之則地位亦時反其故常地位也時代也既共處于活動之一方而他方之被其影響者自局中見之固自有隨時應變之妙用即局外解

大勢

釋此問題者亦必再三承接而未可執一以爲當也

倘或于過去之一事以求決孟魯主義之眞義亦復無益而或者曰欲求孟魯主義之眞義觀其功能可知矣斯言也吾甚謂然盖功能者即眞義發表之外物也吾試設一喻于此孟魯主義猶植物然植物者有生命之一物也而生長常受以漸其所遭罔不同也近數十年來合衆國國力之發達直凌亞駕歐而上之彼遭際與昔大異而所謂孟魯主義者亦隨時變化其性質是罔無容疑飾者也

故欲研究孟魯主義之現在及將來以求其定義之所在則必以過去之變化與現在之發達爲第一要義合衆國獨立戰爭之政府反對于加拿大以法國之領土而冀有回復之望于時孟魯主義乃始發生及西班牙殖民地之事件起歐洲大陸鷹瞵虎視羣注眼于西方之一隅當是時西印度羣島各土其究歸于何國之手尙難豫料而合衆國民乃大激昂驟揚反對歐洲之旌旗乘大風破巨浪直擣于歐洲列强之中心儼然成東西政戰之奇觀嗚呼是亦大丈夫得志時之所爲矣雖然試一叩合衆國反對之眞的盖亦別有存在彼視西印度羣島歸入何國猶無抗議之意

惟於地主忽有變更則萬不能漠然置之一千八百一年路茄乃由西班牙歸于法國抗議日益激昂于此時亞美利加大陸之土地儼受授于歐洲列強之間而合衆國民則以謂今日美洲之土地將出自弱國之右入自强國之左吾美洲大陸之利益更復何存猶之無美洲猶之無合衆國吾合衆國安能遂忍之嗚呼合衆國豈全有美洲者顧其言曰美洲者吾美洲人之美洲弱者扶之病者起之以完成美洲獨立之目的然則同位于東洋海面之各國其對于東洋問題處之當亦有道猥曰某國將亡吾取之某國可欺吾引非同洲人共侮之例其氣量爲大爲小爲寬爲褊尙待余今日之煩言也耶

合衆國之排歐主義蓋由國家的而進于半球的觀夫古巴事件殆可明瞭古巴處于左右美洲之地位英國久已垂涎如虎伺羊得機即發一方合衆國亦熱望于是試取傑弗松政策觀之灼然可見而古巴亦憂自西班之手下落于歐洲列强之政壇于時孟魯乃促英國期共同保持之使不失爲西班牙故物惡知夫英國對于古巴問題亦已別有他志而忌合衆國民之干涉者矣卒以是故而傑弗松之政策乃

大勢

不果行已而合衆國國務卿挨太暮司以帝美主義倡古巴合併于合衆國之說方之傑弗松所爲更進一步雖然古巴島國也以島國加入聯邦之中多有障礙于是根斯主義而稍變其外相略緩其政圖則陽言曰吾人當保存古巴于西班牙之手歐洲諸國毋得授受而陰面則專注于合併之方向卒以同一之政略收同一之効果而古巴乃捲入于合衆國政界旋渦之中心

古巴問題既終地峽問題方始自一千八百五十年哥拉動勃魯條約既結合衆國政治家之視點皆集注于北峽及中央亞美利加各地方然自玆以往遂肇南北美之大戰爭一時對外態度頗失從容方是時孟魯主義之旌旂亦幾幾隨風動搖而所賴恃以保全之者則國民之自信力也夫天下事未有不自信而能濟者始不自信則所謂主義所謂政策所謂希望亦已俱歸何有尙復何事之可成耶合衆國民惟以自信故故雖內部含有多數之難題而于對外觀念仍抱一而勿失雖曰外部効果一時未能大獲而固已播之耘之矣

合衆國國民既以非常之自信力與其抱負爲對外治內兩大問題之眞的故操縱離合無不如志乃以千八百六十七年未曾有之威權强迫拿破崙三世退至墨斯哥其後格蘭頓將軍爲大統領彼首先揚言曰『于亞美利加歐洲强國之領土自後由甲移乙時不可不注意』國務卿富衣秀釋之曰

『此非攻擊的政略而于亞美利加洲或有新爲歐强之領土或已爲歐强所領而自甲移乙則不可不反對之不寗唯是凡歐洲列强或有棄領土于新世界者吾亞美利加人當及時而興而抗議于歐洲勢力之增加』

當時英國輿論皆以殖民地爲無用長物屢起拋棄屬地之志念故富衣秀言及之且以補格蘭頓語義所未足

能代表合衆國國民之希望者富衣秀之言也試研究之亦自有其精神亦自有其性質蓋與孟魯主義爲同出一揆而政畧稍稍異之概言之孟魯主義者乃主張維持現狀之一切物非革命的而保守的者也雖然合衆國之國勢已日發達而孟魯主義之範圍亦因茲而愈廣其間固已無界限之可尋但覺蓬蓬勃勃猛焉進步而

大勢

己不觀孟魯主義表白之言乎。

『吾等當承認彼等（即西班牙殖民地）之獨立獨立者彼等應享有之權利也設彼力不足而或有妨害彼等獨立政府之事件則吾等宜加注意且吾等所以挺身出謀者抑不僅此現今歐洲政府動以干涉爲主義故于歐強干涉彼等之際必問其感情與利害之關係于我者何若是亦不可不知也抑我國民有欲研究此國際學者觀于吾國對于彼等之態度即以知歐洲列強之對于彼等新立國之態度兩兩對證吾等所當注力者固自有在』

夫此非合衆國國民爲能遠慮之言乎。今夫非常之舉其初必源于感情感性無極以挾義言之則身家是己以廣義言之則自家而鄉而國而同種而同洲無不有所感觸者抑非僅同情而已禍福亦無不共之故共禍福者即感情之生元也由斯言之彼合衆國設于歐洲干涉之時毫不措意其既也必于合衆國之利益及其平和而萠一大攪亂之慘兆此合衆國政治家所最爲憂慮者也方西印度羣島移屬之風說既行與夫威納助拉共和國國際紛爭之時。合衆國國民心之所向。力之所注。

亦既甚勇且銳彼之所以岌岌不遑者非以其地位其國力之薄弱故也又非有併吞他土之野心也慮以美洲爲歐強之競爭舞臺而已故于美洲諸國對于歐洲列強凡債務問題境界問題餘燼尙存星火且熾而遂致燎原之災是亦未可知也夫安得不慮及也歟

雖然國家之權利與義務常對峙而相濟美洲大陸諸國之獨立權固神聖不可侵犯無論歐洲列強不能侵害之即合衆國亦不得侵害之合衆國因重視彼等之獨立權而拒斥歐強之干涉固也然彼等對于歐洲列強及他國而未能自盡其國際義務此在合衆國亦僅能規告之而非可代爲援手者也而合衆國操孟魯主義者以重視諸國之獨立權而遂荷國際之責任是亦與歐洲之干涉主義而妨害其獨立權爲同一之比例自彼等視之猶均失其獨立權也不寧唯是合衆國以孟魯主義排斥歐洲亦當悟合衆國將爲歐洲所排斥此種意義雖孟魯主義申言時阿達姆斯氏屢論及之然彊域既判狀態自殊合衆國于其相近連之地以干試其拒斥之政略則歐洲亦將于其所近連之地而排斥美洲來侵之勢力此亦勢所必然者

大勢

也嗚呼試一讀世界國際史吾身顫吾心寒吾亞洲大陸猶有乾淨一塊土今歐人覬之美人覬之即同位于東洋海面之大國亦將覬之睡獅乎睡獅乎而終不醒而亡而身矣乎而終亡而身矣乎　（完）

極東經營

極東問題

頑僧

嗚呼列强之國際競爭至今日而可謂達其極點矣極東一隅實世界各國所萬目齊注之目的地也故二十世紀以後之趨勢吾敢斷言之曰凡外交上之政治問題終不能越極東問題之範圍也然則謂邦國運命之盛衰即隨極東問題之消長豈得謂之過言哉

十九世紀中國際上之紛爭有所謂東方問題者非俄羅斯於巴幹半島附近地之事件乎吾人欲研究俄國國際上之政策先不可不熟知東方問題何則極東問題與東方問題實有一大相酷似之點存乎其間而此中有若存若亡將永遠沈淪於此舞臺者則支那與土耳其也俄國挾其侵畧的野心數年來經營極東之滿洲與占取東方之君士但丁堡及黑海之自由權其國際上之勢力範圍既日形膨脹則

大勢

東方問題之一舉一動。乃愈起吾人之注目矣。

夫東方問題與俄羅斯最有密切之關係者英國及日本是也然日與俄尚少直接之利害英國則視俄之舉動。如形之隨影有始終不得稍離者。故俄羅斯之南下政策決未可等閑視之也英國倡支那保全之說日騰於口汲汲然擴充商業經濟上之事業。以阻遏俄人包藏禍心之行動。日本僻處東方國小民貧本非列強之勁敵。自英日同盟而後而其氣稍壯然他日俄或騷擾澳大利之邊境仍足以杜絕東洋通商之交路是則日本在極東一隅其對俄之地位猶屬危險此日人所日夜思之而不敢安者也。日人之患俄者嘗曰俄自樺太島港以至西伯利亞滿洲附近之勢。已日見充足一旦欲併吞日本誠一舉手之勞耳況俄於滿洲朝鮮各方面已著著爭進所謂南下政策之勢乃愈形愈迫近來俄人於滿洲問題一變而爲朝鮮問題而日本寗出全力不惜爲孤注一擲之計以與俄相爭者夫豈得已哉

日俄協商之策至今日而不得成効者何哉豈外交家之手腕未敏耶抑俄之別有懷抱耶此其故蓋不待智者而決之也自英日同盟成而謂國際上之感情至是遂

得決解。有識者猶未敢遽信之也。日本人之恆言曰「日本之外交的天職。在竭力維持極東之和平。設俄國或其他列強有非和平的行動者。則必出死力以阻遏之。」然返觀太平洋對岸之合衆國。有所謂孟魯主義者已橫渡重洋而東向矣。知極東和平之局。儘不能曠日持久也。夫和平二字。久已成爲外交上之習慣語。吾人雖明知戰爭者世界上之最大罪惡也。現今之趨勢所以不得不出此政略者。亦有所不得已耳。吾且回觀世界文明進化之形跡。亦得確證此間之消息。今日國際間所以實行帝國主義而互相爭競者其意果何在哉。曰欲達社會進化之理想。要不得越此而進也。

雖然。日本既自認爲極東和平之主動者。則其舉措之方將安出耶。以吾度之。必也凡事在國際法範圍之內。及不悖國際上之道德者。即不問其方略之成效不成效必實行之而後快。今而後日本不得不大擴國權的勢力範圍。以保持極東和平之局。而其欲遏制他國武裝的行動者。則一視外交家之措置何如耳。何以言之。蓋外交家者。實國家興衰之一大關鍵也。故有畢士馬克鐵血的計畫。而后德意志成中

興有加富洱獻身的經營而後意大利得新建試回溯十九世紀中諸外交家之措置之經畫而一攷其國家興起之原由當益信吾說之不謬也

且夫外交之最重者當介立於列國關係之中而安然獲取自國之權利也是故其操縱之巧妙其手腕之敏靈時時令人有不可思議者然以吾觀之外交上之眞相自有最單簡之一說其說維何曰與利害共通者相提攜以侵食利害相反者之利益而已試觀加富洱欲意大利之統一出兵與他國相爭不得不先與拿破侖第三結密約及普國相同盟畢士馬克亦欲德意志之統一先買俄國之歡心使法國中立於是與意國同盟以牽制法澳聯盟亞歷山第一及梅特涅視自由平權之運動毒如蛇蝎極力遏止之其結果遂有千八百十五年九月之神聖同盟化非自由民權之主義於是姑息的安寧得暫保存者二十年間此皆外交史上之事實也由斯觀之外交家之國際交涉既有如斯之重大關係而謂極東問題不先加意於此其可得乎其可得乎

「吾人論極東問題必注意於俄羅斯而不敢輕視者果何為哉蓋列國侵略的政

策由今日之現象觀之實無有逾於俄羅斯者也今且歷舉列强在支那之勢力而一一比較之法國於支那之勢力範圍地雖有海南島廣西及雲南省所稱借租地者僅廣州灣（三百八十六方里二十萬人口）而已英國之勢力範圍地有楊子江流域一帶所稱領地及借租地者僅香港（四百方里卅八萬人口）及威海衛（二百七十方里十二萬人口）而已德國雖以山東省（五萬五千五百方里三千六百萬人口）爲勢力範圍地而所稱借租地亦祇有膠州灣（二千七百方里百二十六萬人口）而已此外如日本如意大利雖虎視眈眈各抱侵略的野心而一徵俄羅斯之行動即英法德亦覺瞠乎其後矣何則俄人在滿洲之舉動由其形式上觀之且不得稱爲借租地然其實際已與領地無異撤兵之條約視爲具文路礦之利權悉歸己有嗚呼俄國以恩威政策施諸支那政府而被其籠絡者匪伊朝夕今已養癰成患妄思割肉補瘡之計（前聞俄國欲以滿洲收入自國版圖之內因英美日三國之干涉未敢輕舉妄動支那政府則以滿洲爲祖宗發祥之地不忍遽屬俄人之手願以蒙古割贈俄國云云）俄人欲免他國之干涉或暫償願而去則他

大勢

日滿洲問題再起之時必將以十八行省中任擇其一二地爲投贈交遊之物循是而往則數年後除所謂祖宗發祥地外皆桃李工縞紵耳嗚呼支那政府之喪心病狂一至於此雖局外人聞之猶生憤憤不平之氣語有之曰兎死狐悲物傷其類漢人乎蒙人乎吾知其皆將挺而走險矣』此段譯日本新聞

（未完）

徘徊不能語

泣下沾衣襟

野獲一夕話

匪石

余所聞李來中

事有神奇恍忽錯綜離合志反其所行用巽其所趣而爲橫豎世界諸秘密黨所未曾見之奇觀者吾摸擬其境東鄰殺牛西鄰祭前山鐘鳴後山應乃拍掌大呼曰奇哉義和團奇哉義和團庚子四五月間北方難作團軍紛集如蝟毛大旗小旗皆標『扶淸滅洋』字爲識朝廷三四慰諭字之曰義民再字曰義勇彷彿小說家所傳平番狀元再世佐大淸龍興萬萬年不衰雖然以余所聞京津之間紅色黃色扶淸滅洋之旗幟下居然有一大革命家出其詭秘慓悍不可捉拏之手段翻乎覆乎播弄世上一切人一切人亦無有能識者某甞爲余言曰義和團之初興李來中實主之

李故南人前三十年曾隸屬洪秀全部忠王李秀成麾下秀成敗來中涕泣號頓誓必復仇秀成慰之曰爾大好男兒毋自戕今日已矣度一二人力亦不能支爾往徒速斃耳余觀滿清氣運亦不越數十年爾果有志當自重爲後來謀也來中受命遂投入山東白蓮敎埋匿三十餘年毓賢撫山東獎勵拳勇來中乃詭投以扶清滅洋之說毓納之由是勢大熾盛及聯軍破天津北征旦夕待發時南人有識來中者私叩之曰今八國且聯兵攻京若以兵力比例彼勝我當百倍而曰滅洋洋何自滅曰扶清清焉能扶適自亡其國而已來中曰吁余何嘗不知是惟余蓄此志已三十年今幸得間豈敢坐失此好機會且余所以辛苦來此者求所以復讎焉耳成敗非所計也遂遁去其後有談來中蹤跡者或曰在北或曰在南未知孰是方義和團初興人人目是爲野蠻排外之亂黨而不圖有此一段奇妙變化之歷史雖此事有無未敢盡信要亦談往者所樂聞者歟雖然來中孤抱一讎清主義而未能公之于同羣來中去而羣亂亂乃不可收拾是殆未脫中國秘密黨之蹊徑而清廷自上下下已甘受籠絡而不之知來中誠狡矣哉

茶與帽

明黃道周既被執。洪承疇命侍者以茶進。黃手杯躊躇未飲也。侍者曰。『相國請用淸茶』黃遽擲杯地下曰『伯夷乃聖之淸者。此茶徒見腥濁耳。安得謂爲淸茶』明禮部尙書錢謙益聞崇禎帝后凶問至。與妻柳氏易淸冠戎服佩刀跨馬入國門迎淸師。觀者駭爲明妃出塞。忽一跛老人手杖來前。遽以杖擊謙益帽。口調西廂句曰。『我是個多愁多病身打儞個傾國傾城帽』帽貌同聲。故跛老人用以諷謙益。謙益猶昂昂策鞭而前。

余聞之故老。洪承疇既被執淸軍。瞑目絕粒。言不及降。某以參茶飲洪慰之曰『余佩君能忠明故飲君。雖然君其一呷余。余且感』洪心動接飲。自是遂萌降意。而洪翻以此愚道周。嗚呼茶其招降之媒介歟。錢身爲宿儒。嘗爲鄭成功師。而成功終不降。師弟異趣乃若是。人唯到生死關頭。乃眞乃僞。一毫不可遁逃。平日高談大論。竟如隔世。人所爲此霎時間。惟有一滴血一掬心能爲我有。不有則終失我。我尙何說。嗚呼。自今願志士毋徒言毋多言。

談叢

國會談

或笑中國士夫不知歐美政法學留學日本學生時時開會會議事會規或未盡善則嘗引歐美國會例爲諷雖然此何足怪新國民初試舉動固自不入政範圍試讀國會史其成立最久而又最完全者莫英國若矣然其初設之頃亦復拉雜無序此非足爲新國民玷也敢舉一二以告我新國民之談國會者

最短國會　即千三百三十九年九月三十日之國會是日議退利渥特米王位同日國會解散新王賚利非由此會選立翌年六月終乃招集前議員名之曰新國會一日閉之爲史乘所未見

最長國會　即千六百六十一年五月八日傳斯德會合之國會迄千六百七十九年尙未解散世稱爲『最長國會』或稱爲『年捧國會』以多數議員皆賄國王大臣而得之又一部則賄佛蘭西王而得者

棍棒國會　千四百二十六年即威廉六世即位時議員會于拉窩斯達時王令禁攜武器于是議員出席時各攜長大之棍棒儼如牧牛者所持時稱爲『棍棒國

會』其後王又禁之乃操石或鉛柱出席

妖魔國會　千四百五十九年威廉六世即位已三十五年是年十一月二十日會于孔特利此會不依普通選舉之法惟以王命勅任之議定可得議員資格之法案無不唯唯從命時稱曰『妖魔國會』

泥醉國會　查理二世即位後會于斯哥德出席議員皆酩酊如泥屢屢延期遂告閉會時稱爲『泥醉國會』

無學國會　堪勃魯侯曰。千四百又四年所招集之國會議員中無一明法律者依于俾忽路德之招集狀向于一般人民有告不可選舉熟達法律學者時稱爲『無學國會』

無報告國會　蘭特爾于無報告國會而爲言曰。英國國會第十三回即千七百六十八年五月所立于千七百七十四年始行解散此會始終禁人旁聽故關於議會討論之事英史無一言及之近于科貴君之遺書。始發見此事。

決鬥俱樂部　即千七百九十九年愛爾蘭國會之聯合黨及反對黨所組織者初

聯合黨員渴斯路于己宅饗其黨友八十餘人。宴闌。一客起言曰。吾輩帝國臣民不可不服从皇帝。近頗聞反對黨人將加危害于吾所親愛者。如欲救之。當組織一決鬥俱樂部。無論何時。當互務助。衆皆贊成。翌日反對黨會于查路孟特堂酒間。一客獨起報告昨日聯合黨決議之事。黨員皆憤憤。倡論聯合黨已如此決議。吾人亦宜組織一俱樂部。謂自今破敵之地。不于演說壇。而見于決鬥場中矣。

動物園 或以千八百三十五年七月二日之國會爲動物園。其言曰。是日設導盲人於議場。又不告之。彼必曰動物園矣。是日嘈弄諧噓。不可名狀。翌朝每日新聞揭其事于新聞紙曰。昨夜議場殆極未有之喧譁。接近議長席某議員最發嘎聲。其讀原案時連呼『可』……字聲音殆如蜜蜂。某或爲牛鳴。某或爲馬嘶。某大臣出席時吠聲如獵犬。東側一議員巧擬雄雞之聲。隔席議員某乃爲羊哮。其前席則驢聲和之。其他類于樂器者。類于獸類之咆哮者。類于草蟲之啼鳴者。不勝枚舉。衆喧競作。忽插入『秩序』！『秩序』!!『就席』！『就席』!!『毋譁』！『毋譁』!!之大聲。此議場幸建築頗固。不然。必一鬨而俱坍。

迴瀾叢話

公猛

蔡盧騰之愛國

葭蒼露白間三間兩間老屋簷牙如墨苔痕陸離斑駁深蝕牆腰風饕雨虐巍然而獨存嗟乎此誰氏之故居也詢之居民知爲法蘭西女傑强特姑之舊宅村人咸寶之以爲歷史上之名譽紀念物覊人遊子經是處者無不一訪此老垣古壁摩挲瞻仰以作遊記上之資料也新主人爲一村農名蔡盧騰爲人樸誠常導遊人以其處而一一指點之其地實法蘭西一小村名普模彌盧云

英國豪商某嘗往遊蔡盧騰以爲外人欲瞻仰此歷史紀念物正管領是物者所不得辭其責也道之遊且細告之曰『客誌之此幽而邃者正當年强特姑起居宴息之鄉也彼擴其有容者即强特姑與其父若兄弟樂天倫之處也客不見此門乎今則黯然黑矣不知强特姑幼時所牽牛而過者即此門也』步自庭階指對面小山而言曰『客盍瞭望此茸茸之青邱當年神使下降告强特姑以彼之運命即此其

遺址也」

英人熟聞其言仰慕不能已頓生移家之想且欲建一祠祀强特姑以教來者他日歸藉以誇耀於鄰里故舊曰『家住法蘭西女傑强特姑舊宅』亦人生難得之幸福也因思買爲已有又以爲蠢蠢愚民得此舊物何利之有其殆欲求善價而沽歟故於余甚殷情亦未可知固作短言以探之曰『得此宅需價幾何』

蔡盧騰聽其言若不聞焉者再問之猝然答曰『惡！是何言！惡！是何言！……

……其殆欺我小民無知又以我法蘭西男子卑鄙齷齪無愛國心無名譽心而姑爲是言乎夫余雖不學然强特姑盡瘁報國村中人無不知之雖三尺童子當未束髮受書前已歷歷能道烈婦蹤跡若余一日賣於外國人則村中人皆將目我爲反畔者爲惡劣無心肝者而罵不絕口余將不齒於人類矣

蔡盧騰感情激越轉吶吶若不能作一辭英人又疑爲法人重古蹟强索高直故作此態夫蠢爾小民晝夜勞働尚不能一飽以其爲歷史上紀念物雖黃金纍纍決不肯換此數椽破屋殆不然矣又問之曰『與爾三百奇南（貨幣名）何如』對曰『余先不

解奇南爲何物』『即與爾一千五百圓』又對曰『余不須此一千五百圓君無望有此屋』『與爾二千圓如何』直對曰『否否』『然則與爾三千圓如何英人有固執癖苟心之所欲雖一擲數千金而不惜尚『四千如何五千如何』重重推問蔡盧騰勃然變色曰『否否不然雖經百度千度之增加余斷不沽此屋夫此屋雖法蘭西人而爲余之親友尚不肯賣之而況外國人乎而況我敵之英人乎』『然則君恨我乎』對曰『豈徒恨哉直怒矣憤矣汚穢我耳矣夫馳驅矢石間犧牲一身以救國難之至高至貴一神女不幸爲魔鬼所作弄陷於不正之裁判慘死烈火中其殘虐無道爲何如哉至今思之尙恨恨不能自己……怨毒種於人心則昨日事猶今日事復讎之念刻不能忘每逢英人恨不能一一手刃之使無噍類以洩余憾』

大膽之英人聞此說話不覺魂飛魄散言未畢又瞋目直視而斥之曰『爾爲覬吾家而來今早畢矣不潔之外國人速離此處無汚法蘭西愛國女兒一片乾淨土爲』英人目瞪口呆唯唯諾諾不敢出聲而退

事後蔡盧騰偶於夏夕與村中老友坐簷下納涼皓月當空淸風吹袖共道前事相歡笑忽聞戶外人馬聲囂然不靖啓戶視之知爲法王侍御士受法王之命乘駿馬來村中聲言欲與蔡盧騰會面村中老幼男女不知爲何事即引騎士到蔡盧騰家』騎士飛下馬登堂傳法王之旨曰『陛下聞爾不將家屋賣與外國人欲召而賞汝然賞爾金錢則爾曾拒英人知非爾所欲特命予賜爾名譽之賞牌爾蔡盧騰謹受此牌金光煌燿照爾胸前夫此賞牌惟觸矢石冒死生之勇士乃能得之今以賞爾以爾不受金錢之勇氣較之輕生勇士無優劣之可分也

記者曰嗟乎余讀蔡盧騰逸事余不禁重有感也推蔡氏之心雖一艸一木一絲一縷苟爲吾法蘭西之物必死守之而不肯輕以與人誘之以利祿而不動臨之以刀鋸而不懼殺之戮之而厲魂毅魄猶隱々然含有一種强立不屈至死不變之精神以銘刻國人之頭腦嗟乎吾今而知法蘭西立國之原素矣彼之既敗而復存既衰而復興聲名鼎鼎揚溢五洲蓋其社會之體面有無數蔡盧騰之眞誠之毅力磅礴鬱積以爲之本也嗚呼吾中國其陸沈矣上也者第知賣國下也

者幷不知有國所可望者惟中等社會而已然而沈醉好夢中者居其大半求所謂愛國男兒百不得一此百不得一之小小分中觀其表面亦嘗談改革說國家若稍知愛國者及細爲觀察吾又不知其所愛者固何在也夫國非空洞無物之一名詞也必有所以代表此國者土地築之基人民作之骨財產爲其血而有本於土地附於人民富過財產陶之鑄之以歷史者則開國至今之聲明文物是也國不具此四要素則國不成國否則亦野蠻國而非文明國愛國眞男兒嘗即此數者以寄其愛不惜以身殉之損其杪忽則鬱鬱不自得必思來得其所以致損之故而排除之以完其所固有今之所謂愛國者顧何若哉忍見人民財產之日事淪亡年窮億萬固無論矣今日傷十里明日傷百里今年割十城明年割百城向之所謂愛國志士熟視無睹如秦人視越人之肥瘠而一不加欣戚於其中嗟嗟吾不知公等所愛此國果屬何物也其究遂舉我中國四千年來黃帝堯舜所構造周孔孟荀所經營之聲明文物亦與此沈沈大陸共沈沒於太平洋嗟嗟吾不知公等所愛之國果屬何物也或以爲皆政府之過而非吾之罪此正公等所

談叢

受病處夫政府者人民之公僕也主人不自盡其天職而奴輩遂相竊盜天下固未有主人不自愛其家產而奴輩肯代爲愛之者也夫惟有蔡盧騰之人民始有法蘭西之政府嗟嗟雲山蒼蒼海水泱泱我思故鄉我心憂傷我願我四萬萬中愛國眞男兒皆學法蘭西之一村農我願我四萬萬中愛國眞男兒視四萬里河山若蔡盧騰之於一破屋吾不禁引領而望之馨香而祝之頂禮而膜拜之

去國三巴遠　登樓萬里春
傷心江上客　不是故鄉人

專件

杭州美國浸禮會蕙蘭書院學生退校始末記

吾杭之有蕙蘭書院也。自庚子年始。建設之費出於美國浸禮會之公欵。主持其事者。爲美人甘惠德。甘惠德者。一無賴敎士耳。在華日久。深染華習。其專制狡詐之手段。較之華人有過之無不及焉。始之入校者。多敎中人。繼因風氣日開。學英文者衆。敎外人亦漸漸入之。爰是規模日大。事務日繁。以甘氏一人之不足也。公會中復舉敎士密拉德副之。密氏爲人平和中正。退校之原因。咎全在甘而不在密云。

今請先言其總因。甘惠德於敎外之學生。必勸其入敎。一而再。再而三。再三而仍不願。則彼必揚言曰。若某某者不信上帝。終身其無望矣。此語已可惡。然猶可說。其最不可忍者。則彼之自背其敎。專用壓力是也。向例凡敎中人之貧者。例免膳金。甘惠

專件

德欺其貧苦。不以學生待之。而以奴隸待之。始以奴隸待一二人者。繼而欲以奴隸待衆人。甚至加之以呼叱。加之以夏楚。學生等志在卒業。故專用和平主義。不與激烈。雖學界之風潮日甚。而蕙蘭終無恙也。然退校之萠芽。則已種於是矣。所謂總因者如此。

請再言其分因。惠蘭飲食之惡。爲各學堂所無。衆學生屢與甘惠德熟商。請其改良。甘惠德不之聽。三月初。衆學生以飲食惡劣之故。聚議喧譁。甘惠德即向衆宣言曰。有不願在此者。儘請出學。修膳金照日數扣除外。餘均歸還云云。統計前後因此齟齬者凡三次。衆學生退校之舉。於是乎躍躍欲試矣。所謂分因者如此。

綜此兩因。衆學生退校之宗旨決矣。衆學生退校之團體結矣。四月初二日早。甘惠德斥退一高姓學生。衆學生以其無故被斥也。咸不平。至晚七下鐘。紛紛向甘告退。并請還銀。甘答曰可。厥後有某某六人同往。彼怒目不與言。而遽揮六人於大門外。時適風雨大作。徘徊於街。其苦況何如。衆學生知之。與甘力爭。且曰爾教士也。耶教所云愛人如己者。果若是耶。彼亦自知理屈。不得已啓門而招六人進。次日人情洶洶益不可遏。而彼乃以平日待下等社會之法。以待學生。大呼曰速呼地保速呼地保。夫欲借地保之力壓制學生。斯眞不値識者一笑。初學生之告退者止二十餘人。至是聞有呼地保之說。願退者驟加至五十餘人。甘既知衆怒難犯。忽變其强悍政策。而爲柔媚政策。左向人曰子是好人。姑毋退。右向人曰吾與爾好。請勿去。而衆志已決。竟不理。遂於九下鐘五十餘人全行出學。暫假嵊縣試館。爲小憩地。館主呂君極開通者也。願不受學生金。下午搬取行李。其蕙蘭應還之修膳銀八元或九元不等。除前之十人已收外。其餘至初五日僅每人歸還五元半。學生不可與之爭。而甘則曰吾並無全還之說也。華人動稱西人信實。若甘氏之不信不實。將何以解之。學生之始退校也。共五十三人。然有因父兄之壓力。或爲甘氏所慫恿。不得已而復入者。亦有不願組織新學校者。然亦甚少云。

自去歲南洋公學轟天掣地演出全班退學之活劇。循是而往。幾於學界風潮。一波未平。一波又起。最近乃有浙江大學堂全班退學組織勵志學社之事。乘大學堂之潮流。洶湧奔騰而來者。又有美國浸禮會甘惠德設立之蕙蘭書院。

專件

至是中國教育腐敗之眞相乃和盤脫出不可以隱而學生之能自拔於奴界共同一致而成一學生社會爲中國將來之主人翁前途殆不遠矣蕙蘭創設於庚辛之間廢八股之詔再下驚歐學者如毛而起官立學堂不能容流而入蕙蘭者駢肩疊背學生之夥視裘德生氏之育英義塾駸駸乎駕而上之官立學堂祇有此數紳商富有力者又慳吝成性求田問舍爲子孫計而不肯創立私學堂學堂寡少致教會反客爲主以握我教育權此非吾國民之罪誰之罪耶咸同以來耶蘇天主兩教於吾國各行省徧設學堂以教在會者之子若女非入教者利其以西人授西語也利其取脩之薄也利其卒業後得以謀衣食也亦輙趨之若騖數十年間不知爲中國造成幾許奴隸間有明通魁奇之士要亦如鳳毛麟角艱於一覯此無他以跽誦聖經爲功課而漢文教習又皆以至愚至陋至鄙至賤之奴充之以奴引奴無怪學生之戢戢如羣豕俯就圈笠而勿生動力也近此數載內地志士于文明程度漸達高點海外留學生又日夕運送其所以造新中國之器具輸入于各行省於是譚教育者如夢初醒如

痳方覺漸漸趨重於精神教育而爲奴隸教育者其勢迺岌岌不能支教會學堂當此潮勢之衝盪亦輙非變易方針延聘通材以充漢文教習吾聞去年梵王渡約翰書院有吳某者（吳現留學日本）膺卜舫濟氏之聘而遂以新書新報提倡風氣約翰學生夙錮於見聞日日誦新約而不知平等自由爲何義日日讀西史而不知革命獨立爲何事至是乃如撥雲翳而見青天眼簾爲之一明又如朝饔夕飧習慣於粗糲臭腐之物而忽嘗鼎一臠口津津有餘味也惜吳氏匆促東遊春風一拂未逮半稔茲不知約翰學生何似要其精神不能如上海之南洋公學浙江之大學堂可臆斷也蕙蘭創立未久規模狹隘不能與約翰埒而在堂學生又幼年爲多迺以不甘壓制計無復之而出於瓦解土崩之一策此實爲中國教會學堂驚天動地第一次革命前乎蕙蘭未之有也意者皋比之席固有人在耶否則學生中必有受過精神教育之人者不然何興之暴也然而破壞易建設難始末記所稱有出而復入者有不願組織新學校者即曰居其少數不可謂非全體之一大缺點知爲缺點而大發恥憤集多

專件

數之團體以建設一私立學校或竟與勵志學社合人人輸財人人效力人人自奮人人自治有道德斯有名譽有學問斯有事業詩曰靡不有初鮮克有終敢三復斯言竊附於他山之石云爾

本誌附識

雜錄三種

浙江潮第四冊

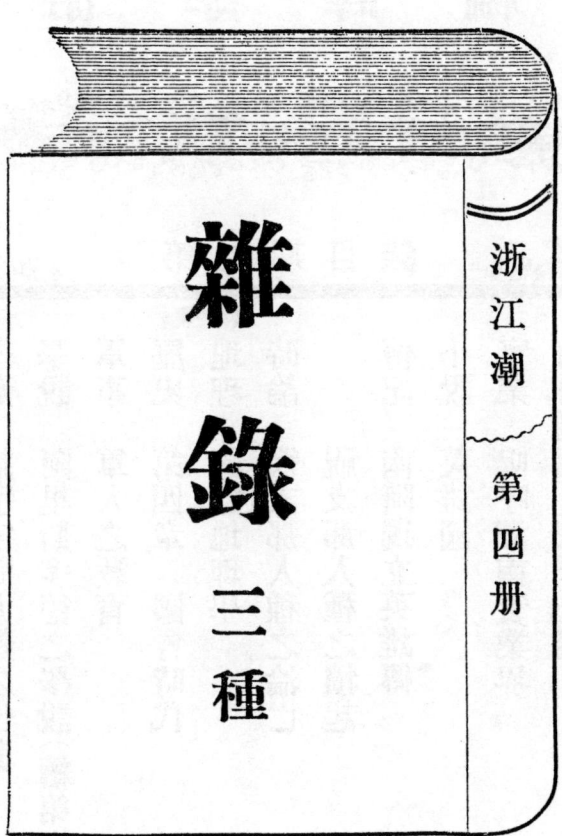

游學譯編

第七期目錄

癸卯三月發行

全年十二冊　價洋壹元六角

東報時論

滿洲論

譯錄獨立評論

滿洲將來問題。久惹世人議論。余以國際法之原則與外交史之教訓而以學理的研究之以求國民之決心焉。

滿洲現在之狀況。吾人實堪憂慮。凡諸外國人于是地通商各事件。多不勝舉。此皆系于事實問題。今亦不暇詳述余所欲研究者只現狀之改良如何與維持世界平和之方針而已

以歷史學視之方十七八世紀以來歐洲大陸之勢力蓋有注重之二中心點其一則於十七八世紀之交之法蘭西。其一則墺地利是也。迄于今日其代墺地利而興者。則又爲獨逸帝國。此二大勢其于前二世紀常相衝突。方西班牙王位繼承之際。墺法不和。尋法國分割墺地利而欲擴張皇國之勢力焉。（參照叔拉露氏歐羅巴史及革命第一章世襲之部）今述其事如左。

十八世紀之頃。列強盛行分割隣國之政策（如波蘭瑞典之分割策）當是時。墺地利分割問題自千七百四十年墺國卡拉司六世既崩。法國將乘機布置。因惹起歐洲大陸之問題。辯護士白魯求論德法分割墺

雜錄

國之期殆巳不遠又併吞利科省波魯哥及舊教部和蘭之地中逃亡墺事件。爲法國世襲政策。而以法皇兼領墺帝。爲必信之要項。

及普魯士勢力雄大乃移此爭于法德之間因惹起普佛戰爭之結果此二大勢力接近之時宛如巨岩相觸發花何時至不可測惟于此兩勢力之間而築一蔽障即所謂蔽障條約是也締結是約者爲緩衝國而白耳義實當之當時白耳義以緩衝國之名義以防德法兩國之衝突實與有力故緩衝國云者與永世局外中立國其名異其原則異要之其精神則古今一轍者也一轍者何曰維持歐洲之平和而已

予今以滿洲而試欲研究其性質其地域。則必先述其關于蔽障條約及緩衝國之事實歷史。以爲讀者告焉。

(以下摘錄波魯求外交史語)

於浮斯德條約而關于和蘭聯合州獨立問題。當時聯合數州。(當今和蘭國)此外又有舊教部和蘭。即今日白耳義是也。嗣後維也納締約之時。凡和蘭聯合州與舊教部和蘭又與泥的魯稜德亦已合爲一國自千八百三十一年至千八百三十九年以往。又復分離此後白耳義居于永世局外中立國之地位而與利科省波魯哥瑞西共中斷歐洲大陸而于德法兩方面間居然築一蔽障是障起源盖在拉斯科得締約之時初路易十四與和蘭聯合州締結條約。以墺地利帝室之事嘗有交付舊教部和蘭于聯合州之約言。此所謂蔽障條約也。

拉斯科得條約第十九條二十條二十一二十二條。墺地利得舊教部和蘭。法皇則以故西班牙王所領有。而盡引渡于墺國。其自對于同領土或市府之權。盖盡失之。兹之應加研究者。即路易十四以舊教部和蘭交付墺帝而此地究屬何人之問題是也其在當時是地非西班牙所屬亦已明決何者同領之政權固爲巴比魯選擧公所掌握計自斐立五世于千七百十二年已確認爲巴比魯家之領土。此時巴比魯公有自選擧公踰登王位之望。其于舊教部和蘭諸地。圖建王國。而西班牙王亦有承引此策之意。方是時墺國帝室亦不欲自路易十四受此領土盖墺國勢力之中心點自十九世紀以來已如在達尼波之溪谷彼以遠隔中點而以得舊教部和蘭爲非眞實之利益且加累焉千七百十年。與巴比魯公協商使取得之而因有讓與公爵領于墺大利之議焉。

夫如斯故于巴比魯公殆有領屬舊教部和蘭之狀勢。而尤得科德條約第九條。全反對之。僅使巴比魯公有撤路奇尼王位之望。其對于舊教部和蘭之權利。必使放棄。又据拉斯達得條約第十九條墺帝規定之藩障條約而使聯合州與舊教部合幷之事。其條約結果如下。

(1)當自一八一三年之條約而路易十四不可不讓與舊教部和蘭種種之權利

(2)巴比魯選擧公當依尤度科得之條約而于舊教部和蘭權盡抛棄之

(3)墺大利對于和蘭聯合州而締結藩障條約其與前立藩障條約(法與和蘭間)不可不認爲同一之事項

其結果即和蘭聯合州與舊教部和蘭合幷是也。雖然路易十四嘗與和蘭締結藩障條約而與和蘭聯合州爲反對且和蘭非終能併合舊教部和蘭者。兹對于法國而圖謀保護舊教部之事入兵要塞以爲有事之守

雜錄

備。（一七〇九年八月英墺法和蘭諸國之條約）

于千七百十三年尤度科德條約締結以前英和兩國別締一蔽障條約乃確定守兵舊數之事至「尤度科德」「拉司達德」兩條約所述使和蘭伸勢力于舊敎部及千七百十五年十一月十五日安白魯斯條約旣結少加變化議墺大利和蘭合遣兵三萬五千墺居其三和蘭居其二此條約不得和蘭之意故于十八世紀時生紛爭。雖法國則甚滿意于此。

然則于此時舊敎部和蘭其爲眞正之蔽障矣當時蔽障文字屢現于歐洲外交家所謂 Barriere 者現時所謂 Etat de Tamkon 是也要之舊敎部和蘭不屬于墺亦不屬于和蘭殆爲中立之國設法國占領之必招歐洲列强之忌矣

以上皆波魯求氏所述所記雖極錯雜簡言之舊敎部和蘭之地。（現時白耳義）固非墺國所屬亦非法國所屬而置于勢力未强之和蘭之抑制下此亦二大勢力間之堤防也此堤防無以名之名之曰緩衝國

以余所視淸國果全然得立于自立之地其必以滿洲爲緩衝域矣夫以露勢東漸以此障之要爲維持世界平和之要務而其數量其地位必務加制限而以一二國之兵力守之使毋歸于一國特別勢力之下此義也實日本存立之一大問題也日淸戰役以後遼東之事。夫豈忘之也歟。

故吾人于此種國際問題必非可等閑視之矣余試引泰西史以供參考法國之有世襲政策也擴張其地域于來因河岸且于國內開鑿東西運河以通于來因而自陸路輸送貨物于德國又擴張勢力于北方之海岸

綫而収其專用權冀欲塗絕英國之商業此實法國雄大之經營也此策若成法國將于歐洲占最有實力之地位其對于(千七百九十六年科波斯氏著書)英國國民實足驚醒吾人者矣時英國國民之言曰

The most powerful and decisive motives call on every British to display his generous and dignified Patriotism, and to support Government liberally at this momentous crisis with the means to pursue the contest vigorously until the enemy is compelled to relinguish their repeated, publicly avowed, proud, unjust, and domineering designs; It is undoubted, if it shoud be necessary, that Englishman will make every personal sacrifice in a cause, when their honour, safety, and dearest interest are so deeply concerned.

嗚呼彼英人者其必欲供犧牲爭運命以防止不正之計畫而扶翼政府以維持其利益及名譽宜致今日之富强矣然則日本宜何如

此篇既終余再以重要之論點附入之

第一　今日使露國撤兵尚非最上充滿之目的目的維何則使今日撤兵他日不再入兵而已故日本政府當與英國協商而提出一事件曰「若清國認露兵入滿洲之時日本亦得遣兵焉」日本外交未嘗一議乃此昔日遼東還附之際苟且因循以致今日其後布哇合併關于日本移民之權利又未保留則今日不可不注重于斯點也已

雜錄

第二。日本人爲政黨員者。往往徇小事而忘大憂如滿洲問題。殆不可與他問題混合。此余向于國民一般政黨識者深望稍加意也。

論海鹽之教育

海鹽某君來稿

海鹽當戊戌以前。鉅館義塾。以四書五經小題正鵠爲鴻秘。則皆著名之八股家。變政時。則又捧歷代史論時務新策爲圭臬。新政既沮。馴復舊觀。庚子以後。又復變相。時務通攷之外無新書。八大家文之外無讀本。師以此教。弟以此受。有非之者。彼則曰富貴在是。功名在是。利祿在是。一試不獲。何妨再試。今科不中。以待來科。若曰開民智。興教育。有當道在。於我何責。抑若舍科舉之外。無所謂學問者。某嘗遇同人西問曰。子所學算術地理。究屬何用。此足爲海鹽教育家之代表。而普通學專門學。更無從顧問矣。噫嘻。何海壖之教育。乃一至于此」。夫司教育者。上流社會之人也。上流社會、尚如此。他社會可知。要之海鹽者。集海鹽人而組織之海鹽也。海壖之不治。非當道之咎。而海鹽人之咎也。海鹽士人之無才。非當道之罪。而海鹽教育家之罪也。既昧乎此。而種種不可思議之狀態。令人笑。令人悲。令人羞者。遂無一不爲海鹽人所作。凡帮訟包漕諸事。行惟恐後。甚者幷普通學三字而不解。而所謂公利公德自由平等之言。則又騰躍口端。詡詡然曰。我維新者。我維新者。然徵諸實行。則又相反。自今以往。我不知其何以自立於學界上也。我非欲述此以愧海鹽人。欲以冀海鹽人之改良耳。而海鹽人果有改良者乎。雖然。改良豈易言哉。以海鹽黑闇如此之學界。而於形式上變改一二。烏有所濟。

果爾則不得不確定改良之法。蓋學界之黑闇。由內界無精神。斯外界無實效。故欲新海鹽之教育。不得不自內界始。我敢抉其弊。以告海鹽人之欲改良教育者。

謹述內界改良之法二。一理想。海鹽士人家。每逢朔望。婦女咸喜敬神。而男子則供所謂文昌魁星等于書室。迷信怪誕。牢不可破。是之謂誕妄之理想。古人一言一行。遵之勿替。甚者謂報紙可勿閱。祇讀文文山正氣歌足矣。是之謂泥古之理想。明知巫覡之誕妄。而偏信其祈禱。明知僧道無益。而偏延之懺悔。問其故則曰是乃習慣無如何也。是之謂迂拘之理想。維新者詈罵科舉。守舊者期望科舉及試期一屆。向所謂新者舊者。遂無一不為科舉中之人物。是之謂狡詐之理想。具此數者。海鹽人之理想。尚望有發達之一日哉。海鹽人而不欲自立于將來之學界上則已。果欲之。則非破除此種種之理想。無論其為學生。為教習。皆當勵其進取心。冒險心。屏斥一切浮泛之策論。而從事實業上之科學。庶有改良之一日矣。

一宗旨。海壖學者無宗旨。治舊學者。我弗論。而治新學者。亦往往不免。上曰八股。則八股也。上曰策論。則策論也。依人作嫁。於學界上無所表見者。指不勝屈。以故學者無求學之目的。教者無施教之方針。而惟古文策論。終日咿唔。以為教育之方針。求學之能事。盡于此矣。而于實業上理化諸科學。非特不知。亦且不解。嗚呼。誰實為之。而令我海鹽之學界黑闇乃爾。豈非由無宗旨者。造成此無聲無臭之情狀耶。試問今日世界之大勢何若。今日中國之大勢又何若。稍閱報紙者。當能言之。顧于教育上無一宗旨。其烏能立于將來之學界。要之教育者進化之母。不有宗旨。烏云教育。烏云進化。我願我海鹽人斟酌時勢。確定宗旨。以造後進完全之人格。俾無拘于習慣而自誤誤人也。

然我又不能不望海鹽人于外界亦改良也。外界改良之法亦有二。一學堂。縣學堂就城內書院改設者。經費除書院向有存欵外、加以募捐、已可敷用。學額三四十人、每人每年收膳資二十千、現祇十數人。敎習二。爲本地名譽士、今年開學。闘科目僅三門、一英文。〔印度讀本〕一輿地。〔地理問答〕一漢文。〔朱子小學〕其餘普通學中必不可少之科目皆缺。如且就現用課本論、朱子小學似非急要。兼之辦事人不諳學務、即敎習有熱心、亦不濟事。至于蒙學堂、尤屬不妥。蒙學堂去歲始設。共三處、一在城內。一在西門外。一在北門外、而堂內學生。年歲有近弱冠者。終日咿唔。以視習八股者無有殊異。我不知其蒙學二字。果作何解、將謂培植國民始基耶。則若是奚爲者。將謂造就科舉人材耶、則蒙學二字又奚爲者。夫事事求全。不特責諸海鹽人爲難、即責諸全國人亦不易。我固深欲爲海鹽人諒、奈變如不變、如後進何、故我惟冀其改良。幷望澉浦沈蕩諸鎭之未立學堂者。愼毋法海鹽不完善之規則也。

一私學。海鹽私學之腐敗、已達極點、城鄉村鎭、舉目皆是。然果有以敎育自任熱心講授者乎。無有也。學生與學生、敎師與敎師、學生與敎師。有互相團結之力。啓發活潑之精神者乎、無有也、但見其未及就學。先講束脩、未及施敎。先用夏楚、無辨難之義。則學生之進步阻、無游息之期。則學生之靈機泯、三六九文期專作策論。則學生之新理錮。安望拔奴隸之根性。養國民之資格哉。故我敢爲諸君告。居今日之中國。必有苦樂兩途、而皆于敎育卜之。東三省惟無敎育、而受俄人之屠毒者。不可以數計。其結果已入苦之一途、海鹽雖小。亦中國之

雜錄

一分子而已。在歐人勢力圈之內。我海鹽若甘心得苦結果。則東三省之慘狀。前途即是。其若是。我又何望。我又何言。而不然者。則極樂世界。亦視我教育何如耳。我不知海鹽果思改良否乎。

雖然。海鹽之教育。豈眞無所表見者。庚辛之際。未嘗無報會。未嘗無書社。未嘗無英文學堂。豈非爲海鹽學界上添一線光彩者。乃一二年後。卒皆中止。我盖深爲之惜。要之無氣魄。無團體。無目的。必不能獨立。治新學而爲科擧之捷徑者。亦必不能獨立。此盖通國皆然也。而海鹽特其小者耳。然積小成大。咸委爲小而不變。又誰爲之改良耶。夫以海鹽皇皇一縣。而就學外埠者。僅數十人。外洋僅二三人。非由以上種種之惡習。有以束縛之。窒害之。而因以致此耶。是海鹽之教育。烏得不改良。爰作此以告海鹽人之改良。并以告與海鹽人同其弊者之改良。非然者。反對儘反對。痛罵儘痛罵。竊笑儘竊笑。其奈奄奄就亡何哉。

右海鹽徐君君勉來稿抉微燭隱可稱痛快雖中間尙有未盡妥善之義然大略則具是矣因即登入以告我海鹽之能言教育者

本誌附識

留學界記事

(一)拒法事件

粵西之亂。蔓延半載有餘。主撫主勦。迄無成効。政府屢屢嚴諭桂省撫臣王之春。速平匪亂。桂撫計自力之不足勦辦也。竟乞援駐屯諒山之法軍。請其出兵代平其亂並許以事平後桂省鐵路權槪歸法人于是法國駐在越南之提督。立派軍隊由陸路馳往赴援。猶恐兵力單薄。復派遣小砲艇載運兵士由內河駛往各要隘。準備進軍勦殺此陽歷四月杪東京各報紙所載之實情也。留學生得此消息異常驚惶四月廿八日留學生會館幹事邀集各省評議員會議于會館。其結果(一)電致政務處請其撤回桂撫謝絕法人(二)電致粵督德制軍及調任粵督岑制軍(三)電告上海敎育會請其協力電爭(四)作詳函致政務處王大臣(五)作英德法文寄登歐洲各有名之報紙次日復開大會于錦輝館。邀齊全體留學生報告此事之辦法。玆錄其電文如左。歐文以限于篇幅。故略焉。

致政務處電如左

雜錄

聞桂撫王之春通欵法人假欵乞援桂省必非我有各國从此生心大局搖動請速代奏謝絕法人撤回桂撫另行籌辦以免後禍詳函續上

致粵督德制軍及新粵督岑制軍電　仝上

致上海教育會電如左

桂事王借外兵外欵東京已電爭望滬上協應

致政務處王大臣函錄于左

生等負笈海外痛念時艱引領父母之邦怵然來日之禍其欲竭盡知能有所貢獻以圖補救于萬一者匪朝夕矣自以僻陋在遠言之無益且恐左右或以國家大政非微賤所宜參預不加垂察猥相督過是以逡巡中止懷不敢陳頃以事機日迫危亡隨屬展轉疑慮若茹大鯁不一吐之不能自安前日已羣集籌議公呈一電詞簡意漏懼不能明故復雪涕詳白重瀆尊嚴言有過當幸矜恕焉竊聞粵亂日久邊陲戒嚴疆吏不職弗能致討近乃張皇入告飾詞恫愒議乞外兵並假鉅欵且請事平之後酬以特利事雖風聞言非烏有此國家存亡之樞紐民生休戚之大故凡有血氣不能不爭者也王之春之爲廣西巡撫也或言與法人通謀陰相狼狽允蒞任之後與以重酬事見于去年廣西京官公奏載于中外諸報言者鑿鑿似非無據生等以爲封疆大臣受恩深重雖至不肖不宜有此是以妄相推測未敢深信嗣閱日本各報謂法人覬覦粵地潛煽遊勇私供軍火陰許助亂旣復逼迫政府責以平定詭詞百出冀售其欺爾時已知狡敵之謀至爲

叵測。內外交煽。事未易平矣。近聳據日本諸新聞紙。言法人藉詞自衛。欲越俎代勦。並言王之春已乞駐屯諒山之法兵。前來援助。而安南東京總督已出兵一隊。陸路進發。遣砲艇數艘從內河上駛。謀据要隘。以爲進取之計。又謂王之春向亭達利洋行籌借巨帑。私許亂平之後。以廣西全省鐵路鑛山諸特權相讓。日來警信疊出。羣議紛然。生等遊學此土。親睹其言。稽諸前後所聞。證以近日之事。確知廣西之亂。源固有所在而內姦外敵。同惡相濟之事實。固有所不可疑也。何則。法人既得安南。欲進窺中原。其視廣西。固久爲其囊中之物。特我苟無釁。則彼亦不得無端發難。以破東方之和平。故日夜利我之亂。得藉詞出師。以爲佔據該省之計。而王之春者。既陰藉法人之力。遽竊廣西巡撫之位。勢不能不有所報償。以爲固寵持祿之地。故亦日夜利亂事之熾。藉口于兵力之不足。得以乞援法人。而踐其讓與利益之約。內外朋比。陰相搆扇。助亂長惡。以至今日。是則廣西之民。既受法人之愚于前。而敢于生內訌。朝廷又將受王之春之愚于後。而不難于召外寇。夫自古借外師以致鉅禍者。有史以來。不可勝紀。況以虎狼之法人。彼其于無事之日。猶將陰謀秘計。以騁其荐食我土之志。而顧復招之使來。予以口實。彼重兵既出。豈有復退之望。始或割占一部以爲根據。終必吞噬全省。遂其大欲。如是則內訌雖平。而土地亦隨之而亡。方今東三省之事。曠日不決。俄人陽許撤兵之約。陰行占領之實。恢復之望。殆未易言。而法人又已襲俄人之故智。相逼而來。前車方覆。而後轍不改。浸假英德美日之屬。亦將就其勢力之所及。相率效尤。難端一發。不暇遲疑。擇肉而噬。頃刻且盡。禍至無日。言之寒心。且法兵既入廣西。彼于吾民。夫復何愛。禽薙草獮。不待終日。小民仇視西教。茹痛已久。一旦復遭慘殺。飲恨日深。雖或怵于外兵之力。未敢驟動。而鬱極復發。其禍倍烈。且恐他省之民。聞風激變。紓其怨毒。仇教排外。揭竿並起。爾時各國咸思藉口逞其兇狡之德。爭居吾土。雖欲不亡。不可得矣。即今所料者幸皆不中。而外兵平亂之後。鑛山鐵路等利權。勢不得不舉以相授。夫今日列國爭存之要。在于財政交通之便。由于鐵路鑛產。失則一國之利源竭。而財政將不可支。鐵路失則一國之交通權亡。而土地亦不可保。各國之在中國。其所謂勢力範圍者。即以其在中國所得鑛山鐵路之實權。爲其勢力之根據而已。今中國鑛產路權。陷于外人之手者。已所在皆是。幸而猶有未失者。而顧明目張膽。許相報酬。則是惟恐其勢力之不張。而務所以增附之。惟恐其範圍之不廣。而務所以擴充之也。蓋飲酖未嘗不可以愈渴。而渴者終不飲酖者。爲其雖有愈渴之効。而將有傷生之患也。今乃以邊徼不靖之故。而猥以國家土地之權。財產之源。交通之利。拱手以讓諸外人。是與飲酖止渴無異也。王之春一人之肉。不足食。奈何以諸王大臣之明哲。而爲其所賣。乎生等屬在國民。義同休戚。苟有不見。不容不陳。

(二)拒俄事件

陰歷四月初二日東京時事新報發刊號外。徧鳴街市。內載俄國代理公使與時事新報特派員之談話。有『俄國現在政策斷然取東三省歸入俄國版圖云云』。并載美國公使之反對英國公使之警告等事。次晨留學生會館幹事、及各評議員。立即開會。提議湯君槱提議電致南北洋。請其主戰。鈕君永建提議留學生自行組織義勇隊以抗俄。幷以爲國民倡。衆皆贊成。午後開全体大會于錦輝館。到者五百人。公推湯君櫆爲臨時議長。王君璟芳、湯君櫆、鈕君永建、葉君瀾、蒯君壽樞、周君宏業、張君肇桐、汪君榮寶、程君家檉、李君書城、翁君浩相繼演說。衆皆泣下。茲錄湯君演說于左（餘略）

曰『大丈夫日日言不得死所。今俄人于東三省之勢力。日本警報。諸君旣已知悉。此眞我輩堂堂國民流血之機會。英美日仗義執言與俄人反對。彼亦各爲其利權耳。何愛中國。今日之勢。無待煩言。戰亦亡。不戰亦亡。均之亡國。則開戰之主權。甯操之自我。雖拚命到矢窮兵盡。一敗塗地。猶不失爲亡國之雄鬼。三國不助我。我固不得不主戰。三國助我。我尤不得不先戰。東三省有失。內地十八省外人紛樹國旂。中國人還有立脚地麼。到那時候。想一戰而死不可得。今日非我堂堂國民流血的好機會麼』衆皆拍掌。湯君徐飲水。又厲聲說曰。『留學生遇重大問題。充類至盡。不過打個電報。發封空信。議論一大篇。誰肯擔半點血海干係。還說是待我學成歸國再議辦法。咄。待爾學成歸國時。中國已亡了幾十年。支吾瞞混。待騙誰來。我看學生中眞正不作那空口說白話的人。料也不少。故我意今日有不怕死的。肯犧牲一身爲中國請命的。立刻籤名。編成一隊。刻日出發。逕投北洋。痛哭流涕。剴陳不戰之害。情願奮身前敵。萬死不懼。更立軍隊本部。專爲後應。我中國自甲午以來。久成爲世界三等國。以三等國民而敢與世界最大雄國死抗。我輩雖爲大砲炸成飛灰。還不値得麼』。衆皆擧手贊成。時某君起而詰問。謂此時旣無軍糧。又無器械。徒手搏戰。勢所不能。況投奔北洋。安知北洋大臣必能錄用。又安知政府之必能主戰。以學生之力。何能擔當此任。雖擧全体

雜錄

學生驅而死之。亦不足嘗俄人之鐵騎。故輕舉妄動。固宜切戒。孤注一擲。尤所不取。湯君乃从容剖白曰。『君議極周密。政府主戰與否。固非我輩所敢妄決。然今日之勢。戰與不戰。亡一耳。各報所載政府毅然拒絕俄人。既曰拒絕俄人。豈爲空言所嚇。此不辨而明者一。至慮北洋不見信用。亦甚遠到。然吾聞申包胥一哭七日。異國且爲之感動。何況我輩挾血心嚙齒。可誓天日。但能與俄人一戰。雖爲蒼頭走卒不辭。北洋方招軍。何遽疑慮。至云軍火等等。學生本不應蓄備。使果列隊整齊。運糧輸甲。吾知甫入國門。已遭大辟。又何能爲沙場之鬼。遠其拒俄之目的。至云學生無用。誠哉無用。徒以國家大義所激。誓以身殉。爲火炮之引線。喚起國民鐵血之氣節。中國去吾輩數人。如九牛一毛。我國民有知。亦當爲之涕泣』言至此。乃厲聲大呼曰。『死生一髮之際。尤想層層周到。難道還要豫備衣衾棺槨麽』衆皆憤發。多涕不能仰者。議遂決。同時籤名者紛紛不絕。湯君復說曰。『此舉是眞正生死問題。絲毫不容牽强。諸君毋曰爲一時大義所激。輕于从事』時聲色慘裂。衆益悲憤。攘臂爭書名。湯君又曰『諸君有意見不合者。儘來演說。毋退有後言。諸君有慷慨激昂之議論。儘來發抒。毋蓄而不洩』一時登臺演說。聲淚俱下者凡十數人。時有來籤名者。湯君必告之曰。『此死籍也。宜愼』籤名者皆神色自若。

是日議決各事條列于左

一願入義勇隊赴前敵者儘二日內籤名

一未即赴前敵者別設本部部署軍隊各事

一電致北洋袁及上海各團体

一補緘與袁制軍請將義勇隊先隸其麾下以遂代表國民死抗俄人之志

一舉特派員往天津與袁訂定彼此關係

一遣人至美洲及南洋各埠

一遣人至中國內地各殷富地方

初四日籤名願入軍隊者百三十餘人籤名在本部辦事者五十餘人即日電致北洋電文如左

俄禍日迫分割在即請速嚴拒留學生已編義勇隊準備赴敵詳函續上

致上海敎育會愛國學社電文如左

俄禍日急已電北洋主戰留學生編義勇隊赴敵請協力

致北洋大臣袁緘錄于左

頃閱日報。俄人以東三省撤兵事。橫肆要挾。附約七條。剝我主權。辱我國体。視我政府如傀儡。侮我國民如行尸。凡含生之倫。戴天履地者。無不髮指眥裂。欲食其肉。我政府毅然拒絕。不爲所怵。羣情感動。熱心若狂。前日已公呈電信。乞力持抗議。急修戰備。言雖冒瀆。情實可伏矜。惟明公坐鎮秉圻。身負羣望。上体宵旰之憂。下對洶洶之憤。必有以堅强不屈。挽國家于將亡。是以不揆疏遠。願貢其愚。窃惟國家自甲午以來。情現勢屈。各國以洪水猛獸之勢。抵隙而來。割據要險。吸引脂膏。甲國進一步。則乙國必求所以抵制之方。乙國

雜錄

獲一利。則甲國亦必謀所以均沾之實。故臺灣甫割而膠州隨亡。旅大既捐而威海亦失。此奪礦山開採之權。彼握鐵道交通之柄。雖端一發。寖不可制。及庚子之變。喪師弱國。排外之志未伸。而窮蹙之勢益顯。列強環視。操刀待割。英日連橫于前。俄法合縱于後。前者以扶持保護爲美名。而欲收潛移默化之效。後者以分割迫脅爲公理。而恐失兼弱攻昧之機。是以極東問題。日騰于彼國之報紙。而償金之事。各國且務相窘迫。而未知所終。夫俄法既明目張膽。以侵略爲事。故法則煽亂于南。欲一舉而得全粵。俄則跳梁于北。且南向而窺京師。今廣西之勢。方岌岌不可終日。而東三省之警報。又沸騰于內外之口矣。頃聞美人已通牒俄都。訟言詰責。日本亦增修軍備。上下戒嚴。中原大陸。行將爲列強角逐之塲。而我方隱忍依違。人無固志。或怵于積弱新敗之餘。而禁言兵革。或狃于居間調停之策。而依賴强鄰。嗚呼。剝膚之災。已迫眉睫。而猶欲偸安旦夕。僥倖于他人之或我恤者。是雖天下之至愚無恥。亦心知其不可也。故今日之事。戰亦亡。不戰亦亡。戰而割地。則各國無所藉口。暫戢其凶暴之威。不戰而自屈。則他人或引以爲例。而各逞其無厭之欲。是則戰雖亡而猶有不亡之理存于萬一之中。不戰則雖欲免亡。而誠速亡之道。已迫于終食之頃矣。昔華元有言『過我而不假道。鄙我也。鄙我亡也。殺其使者。必伐我。伐我亦亡也。亡一也。乃殺楚使』古人于國權存亡之際。兢兢若此。而不惜以孤注一擲之擧。爲徒手搏虎之計者。誠見夫國恥之不可長。而利害之比較不可不審也。自警報傳來。輿情憤懣。廢學忘食。志在授命。數日以來。不期而集者百有餘人。咸願投袂歸國。自效行間。刻日待發。以死自誓。嗚呼。某等血肉之軀。亦猶羣衆。而負笈遠學。未更訓練。既無昏瞀失心之疾。亦知强弱不敵之勢而猥欲棄其所業以委身于百萬虎狼之口者固以爲亡國之慘痛于殺身奴隸之辱酷于斧鉞生爲無國之民不如死爲疆埸之鬼苟得親握寸鐵剸刃于俄人之腹雖磨頂放踵猶有餘甘至于成敗利鈍固非所問也昔波斯王澤耳士以十萬之衆圖吞希臘而留尼達士親率丁壯數百扼險拒守突陣死戰全軍殲焉至今德摩比勒之役榮名震于列國泰西三尺之童無不知之夫以區區半島之希臘猶有義不辱國之士可以吾數百萬万里之帝國而無之乎吾國與外敵交戰之事有史以來不可勝紀而有敗無勝爲萬國羞獨雅克薩之役（康熙二十四年）彭春以萬八千之卒困俄人于重圍毀其堅壘斃其驍將托爾布泰使俄帝彼得不敢逞志于我而尼布楚之條約遂逐俄人于外興安嶺以北不得南踰一步雖盛衰之勢今昔懸殊而亦足以見勝負無常惟所自召安見斯拉夫之民族必雄長于亞東而可薩克之兵士果無敵于天下者哉凡今所陳自是明公所洞悉而顧喋喋不輟重瀆尊嚴者冀某等義憤之忱見諒于左右不徒以衆寡强敵之不敵而怪哂其妄也頃議公囑○○即日詣轅敬陳一切懼謠諑之言或已先入故復肅上一緘盡布其愚幸賜容納不勝屏營

于是數日內各省皆開同鄉臨時會研究極東問題于義勇隊事無不贊成（各同鄉會演說畧）其中有數事最足以震動國民實我國從來所未有也今畧述之有方君聲煊者年方十四閩人也聞俄事後日夕涕泣求籤名于軍隊衆以其穉也止之方君曰吾爲國死詎殤耶遽奮起籤名翁君浩持之哭曰方君方君我北征且殲留汝爲吾國義勇種子死更有光大于我者吾輩日日言報國今予爲勢所迫僅一死以塞責罪且不可逭

雜錄

汝復輕身殉此胡爲者。舉座皆泣不可仰。此一事也。又有潘君國壽者。年雖十七。甚矮。浙人也。亦籤名于軍隊。同鄉人皆止之。不可。又勸其改歸本部往內地游說。少年潘君大哭。終不可屈。此又一事也。又女學生聞俄事後。開共愛特別會。胡女士彬夏首演說。茲錄于左。

嗚呼。我最愛之祖國。將爲他族所統轄。我最親之同胞。將爲異種所奴隸。豈不傷耶。豈不恥耶。我等既爲國民。則國之安樂當共享之。國之患難當共肩之。要而言之。中國之興亡。即我輩之生死也。我同胞諸姊既能出洋留學。必能明白其理。何絮絮爲。今俄禍如是其亟。各國將接踵效尤。我輩既知亡國之慘。奴隸之恥。而願任其滅亡。任其殘害。是豈我輩之所宜出耶。抑豈共愛會之本旨耶。想我同志必有以持其平日之所學。以極我中國。以救我同胞也。日內在東有志諸君。亦以此故。亟亟聚議。商酌拯救之道。茲已公議組織軍隊。其志可欽。其情可哀。然亦四萬萬國民人人所當爲。而無可推諉者也。我輩自問亦宜有所盡寗。以女子非人自棄責任耶。我雖不才。欲以螳臂之力。共襄此舉。諸姊以爲何如。我想祖國瓜分。同胞奴隸。將有何面目以留學耶。

演說畢。胡女士彬夏、林女士宗素、陳女士懋總、方女士君笄、華女士桂、龔女士圓常、錢女士豐保、曹女士汝錦、王女士蓮、咸簽名軍隊。帝國婦人協會長下田歌子聞之。急欲阻止。女士咸涕泣曰。『吾輩且無國。安得有身。更安得有學。遂決議從軍北征。任軍中看護死傷事。並電致上海女學校。其文如左。

國禍急女生入赤十字社同義勇隊北征告女學校協助

初六日復開大會。公議規則。（規則畧）已簽名諸君咸到。議畢。呼義勇隊萬歲。

次日得北京大學堂學生來電云。『俄約危急宜設法阻』此間覆一電云『留學生已編義勇隊電北洋備赴敵』又得上海教育會覆電云『電悉贊成餘到東面述』

軍隊成立僅五日。神田警察即來干涉。請王君嘉榘、鈕君永建、張君肇桐、林君長民四人往警察署。時鈕張二君不在會館。即由王林二君往見。其問答之詞如左。

（問）聞貴國留學生因滿洲問題有義勇隊之設確否　（答王）有之　（問）聞隊中規則及組織有隊長有軍曹等名目是與軍隊無別此事于日本外交上頗有阻礙　（答林）此事雖名爲隊其內容不過練習体操並無軍械軍服不能成爲軍隊　（問）留學生監督知之乎　（答王）知之昨日已有命囑吾等廢止但此次創立此舉時本因俄國七條約并俄使宣言欲收東三省入俄版圖而起據目下情形七條之約已經取消此事照原定規則已議停止　（問）体操時有用鐵銃否　（答王）無之但會館中本有体操器械即不關滿洲問題留學生亦時至練習　（問）練習時人數過多鄰舍聞之亦頗張皇　（答林）教育的体操亦與亂暴舉動不同警察長言教育的体操尚無妨害若組成軍隊則日本有主權不能不干涉　（答林）並非軍隊此事當俄使宣言號外發行時本度即日開戰則留學生等當即日返國彼時成軍與否係在敝國國境並不在貴國也若今日情形則在貴國一日便爲一日學生與軍隊實不相類　警察長言君等愛國之心實在可敬　（答林）此爲有生所同具無所別于衆　警察長言自表面視之實有軍隊形式務望速解　（答林）照規則辦理

自當解隊但体操爲体育起見仍時常練習此于外交主權等問題似不相關今晚當有覆信。是晚開談話會于會館。先由王君嘉榘報告與神田警察長問答情形。次鈕君永建云。俄國問題。午後號外又加緊急。但現在辦事。內外皆困。只得照昨晚議論。解散形式。不解散精神。改作軍事講習會。請衆公決。蓋昨晚因日本外務部以義勇隊事。招汪監督往。言此事于國際上有礙。故藍君天蔚鈕君永建蒯君壽樞葉君瀾謝君曉石等會于此研究過也。是以今晚之會。多主張改變面目。而精神斷不能解散云。其覆警察署信稿錄于左。

義勇隊已照隊中規則解隊惟敎育的体操此後仍時時講習不同軍隊形式特此奉告

次日在會館開大會。先由湯君槱述開會詞。次請汪君德淵報告上海情形。其報告詞如下。

上海敎育會本有編義勇隊之意。得東京電時已編成義勇隊。愛國學社學生有百餘人入義勇隊。主戰者甚多。意在無論有無俄事。暫時必不解散。

演說畢。湯君槱、胡君文瀾等相繼演說。皆主張稍改形式。至于精神仍一毫不改。于是公舉鈕君永建湯君槱爲特派員。往北洋以探消息。而軍隊則改名曰軍國民敎育會。其規則俟下期續登。

●(三)成城學校運動會補懸龍旂事件

陽歷四月二十六日。成城學校。大開運動會。運動場中高懸各國國旂。獨中國龍旂無之。吾國留學生大譁。遂有浙人湯某俞某閩人翁某皖人葛某同詣監督處詰問。監督曰。各國國旂隨意懸掛。不關緊要。本無一定規則。諸君何喋喋爲。湯曰。不然。今日運動會。乃敝國學生與貴國人合同之事。即敝國未入萬國同盟會。亦不應將敝國國旂一筆抹殺。如謂不關緊要。無一定規。則盍補懸龍旂以示無他意。監督語塞。以他語亂之。湯某等遂退。大號召同校學生自費生及湖北四川南北洋官派生計近二百人同聚集大講堂。時校外吾國留學生來觀運動會者亦近百人。有坐者有立者。各含一種羞恥心憤恨心。屏息無一語。湯某首先演說國家之痛。聲淚俱下。一言未畢。而同聲號哭者數十人。相約共同一致。如不補懸龍旂。本校學生決不赴會。校外來觀者亦大感動。相率不赴會場。少頃。少佐某請湯俞去。深自引咎曰。失掛龍旂之事。實監督一時忘之。茲監督已知罪。斷未敢蔑視貴國。余已發電話遣人速取龍旂。至。諸君其毋以前事芥蔕。仍一例赴會。湯某曰。學生等非有怒於監督。亦未有不慊於貴國。特自動國家之感情。無顏赴會耳。敝國國旂之掛否。余等原無俟要求。請君亦毋責備監督也。語畢。退出。而少佐已遠知校長。急懸龍旂一於各國國旂之上。又豎黃色青龍大旂一。與日本國旂並立於會場中央。然學生卒以恥辱故。無一赴會者。聞祗有滿洲籍一人會云

●（四）大坂博覽會人類館臺灣女子事件

錄游學譯編

今年日本開博覽會於大坂。會中有所謂人類館者。理學博士某所建議擬設者也。先日日本諸新聞紙稱。「將於館內羅列蝦夷印度人朝鮮人支那人及南洋羣島土人。以考其生活高位之程度」中國留學生之在

東京者見之大憤恨議移書內地士大夫阻其來遊並函約華商之旅居大坂者協謀所以阻之之策且謂如有中國人應其招聘者當以相當之權力處分之事方發而日本政府已下令人類館取銷此舉其後開則人類館中有一女子服中國服纖其足日本人謂是臺灣人而中國人往現者或言是湖南人游歷員某君過博覽會見之心疑焉即往謁神戶領事某言「人類館中小足女子狀可疑宜就日人窮詰焉」領事云「吾固聞此女子是湖南人雖然吾亦無術以處之」某君乃來東京謁本國駐日公使具道所見公使答如領事會湖南留學生開同鄉會某君即以所聞宣告會中湖南學生大憤言「日人辱我已甚吾曹誓必干涉之力不足則吾曹當相將歸國雖然彼女子果爲湖南人與否尚不可知不深考其所從來則無由措手」於是立舉周君宏業往大坂調查周君即時就道至博覽會則見有所謂臺灣喫茶店者中一人能操北京語周君就問「臺灣人在此者有幾何人」答「有十餘人」又問「人類館中有臺人耶」答言「有一男一女」又問「彼女果是臺灣人與汝曹同來者否」答言「是也彼今爲日本人所雇月受雇金二十五圓」周君尋往人類館見一室榜曰生蕃室中有三人其兩人狀實生番其一人則華服纖趾似非生番種守者指示遊客云「二人者生番一人則臺灣人也」尋他客皆去周君獨留問此女云「汝是何處人」彼不解即又操日語問之始云「身是臺灣人」又問「臺灣何處」答言「臺北北門街人」尋又操湘語試之云「汝本是湖南人奈何欺我」彼不解亦無怍色驗其情狀實爲臺人無疑周君乃見館中幹事謂曰「余此來無他爲是華服女子故欲有所問君能容我畢詞乎」彼言「君辱有問余當詳答」周君言「余聞此女子非臺灣人乃吾

國湖南人言者鑿鑿類非訛傳吾國留學生特使余來詳詢苟所聞不虛吾留學生當以吾人相當之權力來相干涉如信係臺灣人者則吾人亦無多言請君詳告」幹事乃曰「日本人亦或疑此女自貴國來者但實是臺北北門街人由臺灣日日新聞社長紹介而至者吾大坂府知事處及大坂警察署均有屆書（譯言呈狀）可考抑向者敝館嘗欲雇貴國人數名以貴國學生阻止中輟今安得以貴國內地人詐稱臺人相欺誑乎余請力辨其誤並乞轉告貴國學生勿疑」據此則前所疑爲湖南人者盖傳聞非實無疑矣周君即曰「余聞君言甚明雖然言出于君口入於吾耳他無可證者君若能以所言形諸楮墨使余得持歸示衆人則足以表君言之確實而余亦得以盡此來之任務」彼即云「此甚易事但本館尙有代表人余不能擅許今日余當與彼商之旦日將覆君」周君曰「旦日將余復來乎抑君且辱顧也」答曰「唯君所欲」周君曰「明日余復來」一時座有一日本人似客狀進謂周君曰「余與人類館固無關係余請以一私人之意見質諸足下所謂人類館者固將羅致世界所有之人類於一室以助學術之硏究初無惡意者也向者館中欲雇集支那人若干名而貴國學生對之輒動義憤若彼者抑豈有說乎」周君曰「君謂人類館是何意余固不能深知雖然既稱爲人類矣則不問其爲朝鮮人爲支那人爲阿利安人爲其他番人抑所謂大和民族者之貴國人皆在此名詞之中無有文明野蠻之別也向者余等見新聞紙所載則館中所欲陳列者自支那人外惟印度朝鮮蝦夷及土番等而止竊惟支那國勢今雖至此然以人種言之則其生活之程度若文明之等級與日本人與阿利安人亦有難以軒輊者今君等羅陳一二劣等民族而欲夷我使與同列此吾人所以憾也」彼

言「君等此意固不謬。然吾人始願實欲舉西洋人及其餘一切人種悉陳其中。以經費不足。西洋人居處較遠。傭金亦較鉅。故但舉近鄰諸族充之。非敢相侮也。」「周君曰。」余聞君言已深明君等之意。顧已往之事。不須深論。余此來非以此事。不過欲知彼小足女子之是否支那人而已。適聞幹事言已明瞭。今所求者。欲館中證明此人之來歷。與吾一書。使余將歸示大衆。幹事若幸從余請。不勝大願。否者余亦將以幹事所言轉告同學。顧終不如得館中一紙之爲愈耳。」幹事聞言即又進曰。「余決無不允君請之事。但尚須與代表人商之。要當使君等釋然也。」周君曰「甚善」乃出。翌日復往見幹事。至則大坂府警察署長知事府吏及當館代表人皆在。幹事即曰。「證明書已就。今當與君。」周君曰「幸甚。」幹事出。警察長乃謂周君曰。「君觀此女子爲復支那人否也。」周君曰。「余據當館幹事言。已知其非。然彼雖臺人。余知其非生番種而支那種也。諸君固知臺灣有土著有客籍。土著即生番。客籍則漢人及其他種人皆有之。彼實客籍也。」警察長曰。「諸君對於此舉感情若何。」周君云。「余此來不過欲知此女子果爲何地人。苟得其實。則余之目的已達。至於吾同學則吾歸之後告之以源委。雖未知輿情之若何。然臺灣今爲貴國領土。而此女子又實爲臺灣人。吾人如復有所言。將起國際問題。吾同學深明此關係。苟知彼婦之非吾內地人。吾人即無他言也。」彼又言「留學生意見欲使吾人遣去此人乎。抑聽之乎。」周君言。「此留學生公意。非吾所能確定。顧以吾一人之私見言之。則此女舉止頗羞澁。凡人稍有知識。使供衆覽。必有羞惡之心。自與蠻人不同。故余頗以爲可憫。然余非敢公言。不過以私意質之諸君耳。」警察長曰。「君言甚合理。」乃去。頃之幹事持證明書至。即以相授。周君復與語語意略如與警察長相問答者尋又問當館代表人曰「彼婦既爲臺灣人余固不當有他言假如支那人欲乞君等移諸館外君等亦許之否非敢以是爲請不過吾人以爲閒談之資而已」彼言「固亦無所不可然余爲君等思之竊以爲不必君等如干涉外國臣民之事過當殆非所宜也」周君曰固也響者固言以此爲談資非必有此事也」彼又言「館中待此人甚優」周君曰「然則君等將移諸生番室外乎」曰「然」言已君周遂出

附證明書原文

御答書

本館開設以前ニテ貴國北京ニ於テ貴國人五名計雇入ノ筈有之候處貴國其ノ筋ヨリ注意ノ次第モ有之候爲メ其ノ雇入ヲ中止シ幸ニ損害ヲ被ルヿ僅少ナリシハ仕合ナリ然シテ目下當館ニテ雜役ニ服シ居ル婦人ハ即チ左ノ在籍ノ者ニ有之候

臺灣臺北北門街五十四番戶李阿牛娘

李寶玉 二十年

右ハ內地人ノ少女ト共ニ薄茶席ト稱スル高尙ナル優待場ニ周旋セシメ居候樣ノヿニテ殊ニ貴國人ノ御意向モ承知居候事ニ付キ何レノ人種ニ對シテモ優待ヲ盡シ充分ノ自由ヲ與ヘ且ツ苟モ其ノ土地ノ恥辱トナル可キヿハ說明セス總テ世界各國ノ風俗狀態ヲ識ラシムル目的ヲ以テ

雜錄

學術研究ノ資料ニ供スル樣取計居候間幸ニ御洞察被下度右御答申上候

追而東京帝國大學理學博士坪井正五郎君ハ態々出張相成リ同君ノ意匠ニ成レル世界人種地圖ヲ展觀シ且ツ大學人類學敎室ニ備付ケノ物品數十點出陳相成リ大ニ學術上裨益ト相成居候可然御披露可被下候

明治三十六年四月

學術人類館

周宏業殿

譯文

本館開設以前原擬於貴國北京雇請貴國人五名嗣以貴國查禁事遂中輟虧損僅少差以自幸至目下在敝館服役之婦人則其籍如左

臺灣臺北北門街五十四番戶李阿牛之女

李實玉 年二十歲

右與內地人之幼女均使給事于上等茶室且敬體貴國人尊意不論對於何等之人種皆竭力優待與以十分之自由苟有足爲其地之恥辱者均不言明要在周知萬國之風俗情狀以供學術研究之參考而已幸乞洞察敬覆不具

再者東京帝國大學理學博士坪井君特地惠臨出示所撰世界人種地圖並以大學人類学講堂中所備物品數十件辱賜陳列是於學術上大有裨益並乞代爲宣佈

周君宏業既歸自大坂。則告其友人汪榮寶曰。余以人類館事件赴大坂。調查與彼中幹事反復問答垂千餘言。始確知館中所備小足女子。向所傳聞爲湖南人者。實爲臺灣人無疑矣。雖然今一言臺灣人抑似非我族類也者夫臺灣人則固與湖南人何擇乎昔之臺灣人猶今之湖南人也孰爲而使今之臺灣人不得與吾湖南人齒也孰爲而湖南人者日本人猶不得惟意鞭策之而彼臺灣人者一惟其所倡優畜所奴隸視而使吾儕屛息結氣熟視其比肩于野蠻人之側而不得吐一言也夫臺灣人則既不免有今日矣吾又烏知夫今日之湖南人若其餘行省人異日不更列於何國之人類館中而後使吾人有屛息結氣熟視而不敢發一言之一日也方吾之與館人相問答也。盖一言及台灣人。未嘗不遜色下氣忍無窮之涕淚而惟恐其詞之騁也女子者。固儼然服吾支那人之服。操我支那人之女紅。聲音笑貌。抑未嘗有毫髮異也。而今以其父母所與形造之小足爲萬國人覽觀而媚笑焉吾支那人之有女子子者吾女兄弟之與此臺灣人有相似之履者其審聽之其審思之矣周君又言曰。彼日本人之於我。則誠無禮矣。雖然吾據理以與之爭。彼則又曷嘗不可拆也。以吾無權無勇一書生。而與其帝國大學博士建議所設富商大賈出金所布置之人類之事而彼反覆陳說務相交驩。始終未嘗出一無禮之言。余益亦悲夫吾公使吾領事錦衣玉食熟聞夫同胞之攞辱屈折而夷然不以爲意猥曰吾固無術以處之者其肺腑其度量信哉其有以異於人也抑余在大坂凡四日士女遊覩者肩

雜錄

摩轂擊。煙雲相連。皆嬉然有大平之樂。余在其向悲不自勝。愴然若涕之無從者。嗟乎。彼嬉然樂大平之士女。安從而知吾心之痛亡國之慘乎。榮實聞其言而悲之。故詮次其問答以告他日將爲不知何國人類館陳列品者之吾支那人。

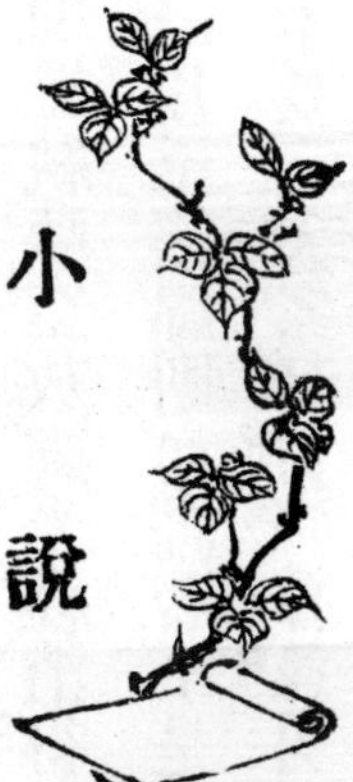

血痕花

蕊卿

第一回 喚獅夢從頭演稗史 遇蛾眉慧論感英雄

話說西方歐羅巴洲。有一個强國叫做法蘭西。這個國度算是世界上生產革命的血地。那法蘭西的革命。可分三個時代。第一是西曆一千七百八十九年的革命第二是一千八百三十年的革命第三是一千八百四十八年的革命這第一次的革命是推翻腐敗的政府放殺優柔的君主撲滅專制創立共和當時不知流了多少志士仁人的血纔能轂熱騰騰造出這民主政躰的法蘭西國來所以每年到了七月十四日。法蘭西必定舉行這第一次大革命的紀念祝典是日鐃歌溢地家家愛國精神。旗影翻風。處々太平景象。眞是說不出描不盡的衣冠人物。錦繡山河。那時東方獅子國有一留學的女學生。不知姓甚名誰。却生得豪腸俠骨。愛國憂民。看了這情狀。回首想望自己的祖國。依然慘霧沈沈。黃埃黯黯。那裏有一點振作的氣象。眼見得這四萬萬人民一百四十餘萬方里的國土從前亡在一箇的異族的手裏如今是要瓜剖豆分亾在多數的異族的手裏了思前想後不覺萬斛熱血湧上心來。霎時間心緒撩亂便把書本丟在一邊。恍恍惚惚出了院門。獨自行去。陡看見前面金碧輝煌顯出一座絕大的梨園來。逐隊進步看時。却演的是法蘭西『血痕花』故事唱得聲情激越。坐中看的人也有嘆的。也有泣的。直至末了『證花』這一齣祇覺笙管悠揚。臺上供着香花。只看那

生扮美藤守正　旦扮尾形楓孃執花上　生唱（四門泥）控鶴翅故國重來如夢望下界山河弄影。早湧出貝闕瓊宮淒風苦雨鬼魂雄思量舊事心都痛波喧雲鬨衣冠血紅香銷玉凍羅紈夢空放靈光纔消得萬戶香花供雜執自由神旗、鼓吹繞場下　旦唱（前調）看一片玉簇錦團如畫若不是英雄鐵血爭得箇世界繁華。自由海萬丈靈槎：：須索要：：大家努力齊撐達男兒休詫白骨蟲沙女兒休怕青塚鶯花惡

風潮造就了璨璀莊嚴界（仝下）

這女子聽了曲子字字刺入腦界。愈覺慷慨激昂。坐立不住。徑自走出園來。到一條寬敞恢宏的街上。只見那邊來了一位儒者。目光奕奕。丰采翩翩。雖是衣衫藍縷。却早滿面露出一段豪俠的精神來。正要問訊時。只見那人開口道。看儞這小妮子嬌柔文弱。有甚心事也在這裏長吁短嘆呀。這女子正色道。人非木石。那得無情。況我身在異鄉。心懷宗國。那一時。那一處。那一事。不觸目驚心呀。那人改容道。原來是一位有胸襟有肝膽的女傑。可敬可敬。只是如今儞們這老大帝國。昏昏君相。蹂躪民權。通國之人。大家甘心替奴隸做奴隸罷了。至于女權兩字。二萬萬女子的腦筋中影兒也沒有見過。教他從那裏生出些智慧來呀。這女子道。不然。天下的事總須有一二個人起點。纔能彀慢慢的洋溢於全國哩。如今男子的責任是不必說了。做女子的既然稍有智識。這責任也就萬萬脫不了的。世界上的人類女子既居一半。世界上的事情女子也就有一半的擔兒。我國女權不能發達的緣故。細細想來。第一是由於沒有教育。第二是由於沒有職業。第三是由於沒有社交。所以把好端端的

小說

人都弄得如傀儡一般舉動也不得自由活活蹧蹋壞了如今我同胞女子要曉得男女平權萬萬不能受人壓制的第一要把家族上的壓制打破第二再把社會上的壓制打破纔好同着英雄豪傑大家齊心努力把政府的壓制打破替我國大大的造出一个幸福來了不信時試把古來歐洲歷史上的女豪傑一看就曉得我們脂粉叢中綺羅隊裏也可以做這驚天動地龍拏虎攫的革命事業了如今我索性說了罷我國的革命與各國不同第一我國的政府不是我們本族的人他從前種種虐政也不容說了如今是日暮途窮倒行逆施他但保一己的安樂却把我們的生命財產儘向外人分送儞看東割一地西讓一城朝送一路暮奉一礦竟是把我們的生命財產當作邀請外人殘虐我們的聘金酬勞外人殺害我們的禮物儞想傷心不傷心呢有的說如今各國勢力侵入的時候須要大家打破界限抵禦外侮不是鬩墻內亂的時候了無奈我們雖如此想偏那不識好歹不受擡舉的人先要明明分出一個界限來種種猜忌虐害他這忍心毒手是情愿把這分錦繡山河來送與外人斷斷不肯奉還原主眞是司馬昭之心路人皆見的了況且這一民族

主義」——是最要緊的。倆看愛爾蘭被英國併吞。他人民心中常常氣憤不過。從前維多利亞女皇行即位六十年的祝典。處處張燈結綵。只有愛爾蘭他偏高懸黑旗以示國喪的意思可見這民族自治的精神隨倆獨夫民賊有遮天的手段也壓制不住的試問歐洲各國都不是經過了這民族主義的時代纔能㲉到今天這地步嗎。要是沒有經過民族主義想跕在這優劣競爭的世界上是萬萬不能的呀又有的說。今天若講革命各國必來干預恐怕革命沒有成功倒把自己的國送掉了。那知外人干預是萬萬不能免的就不講革命那一樁事外人不來干預麼現在我們多數的國民仍舊服從這少數的政府所以外人利用這政府來支使我們要是我們果眞一心一力大家不承認這病國殃民的政府到那時諒外人也斷不會幫了少數的政府來與我們多數的國民爲敵哩。最可笑的那主張和平的人說須要勸化政府。等他慢慢醒悟過來。頒布了幾條憲法。人民都得有參政權也就罷了。何必定要掀風作浪呢。不知是萬萬望不到。便望到了這眞正的政權倒在他族的手裏我們本族的人僅僅能㲉得些參政權也就可恥的了況且這憲法不是由國民血肉

小說

摶戰來的也斷不會極力擁護過了十年八年不過仍舊歸到專制政體罷了日本的憲法遠遠不如歐美雖是由於現在政黨腐敗到底他憲法的性質與各國不同我聽說朝鮮明年也要頒布憲法了難道就可算得數嗎如今我們的同胞若想做一個完全的國民須要求己求自立不要望政府望政府便是奴隸的性質今天祇有教育與暴動並行一法眞正愛國的人總要徹頭徹尾一拳碎黃鶴快刀斷亂蔴不惜口血眼血腦血熱心熱力做將去現在目的雖不能盡達將來總有大放光明功德完滿的日子哩至於說破壞可怕要曉得破壞也破壞不破壞也破壞這句話是大家都聽見過了的況且我所說的是破壞那已經破壞過的不是破壞那未經破壞過的倆看二千年來幾個聖君賢相天天假仁假義行些善政早把這人格破壞暴君汚吏種種無情無理行些虐政早把這人權破壞一部廿四史那一樁不是破壞的今天是由破壞渡到這建設的時代須要把這數十萬如虎如狼如鬼如蜮賊民的官吏一網打盡把這數千年如醉如迷如瘋如狂蠹民的學說一氣掃盡纔能彀算得破壞哩如今號稱志士仁人的主張和平立憲其實他不過『運動政府

巴結官場』八個字那裏眞正有愛國的精神呢咳、那曉得這『做官』『靠官』兩椿事是斷斷沒有用的凡事總要從我們國民自己的身上做起纔是。儞看各國的革命要不是有這一起斷脰殞命樂死不悔的人。把這銅牆鉄壁的專制政躰打破後來的人。又那裏有這和平幸福享受呀吾生平輕易不崇拜人然讀了法國革命史。見這幾箇女豪傑奔走呼號。捨身忘家。在革命史上大大的留下一個光彩紀念。看了不由得令人起敬起愛香花頂禮說不出的傾倒哩那人說道。聽儞這女子說的倒也不錯。只是儞國的婦女要是都有這樣的思想那就好了。如今我有一書儞可拿去傳播於世。便可超度衆生脫離苦海了。這女子聽了連忙拜謝要問那書名及那人姓氏。舉首看時。却不見了只見有英姿爽颯氣象瑰奇高聳雲表的一個革命老祖盧梭的石像不覺恍然道、這裏原來是武良街。正驚嘆間。忽見那石像底下湧出一陣潮水來浩浩蕩蕩沖將過來早已瀰漫了世界這女子也身不由主。隨着那潮水捲去。耳邊但聽得哭聲啼聲笑聲罵聲怨恨聲呼號聲兵火殺戮聲好一似天崩地蹋電掣雷轟。不知經了多少日子過了多少道路纔覺潮勢稍息開眼看時已近彼岸忙躍身上去幸喜衣服不曾沾溼回頭看那潮時犹兀自洶湧不止急望那有人煙的地方走去覺得山明水秀柳綠桃紅眞是別有天地又看那街市的熱鬧長街短巷挨甍連棟人文濟濟謳歌不斷却一似曾經熟游的地方仔細看時原來是從小生長的錢唐江上武林勝地因自笑道被盧梭這一潮竟衝到這裏來了正說時、忽聽得一陣箏管之聲隨風吹來却見前面有一座絕大的梨園看時却分明題着自由園入園見百丈嵯峩舞臺之上金燦燦標着劇名却是「浙江潮」三字喝聲采正要看那戲文覺得香肩上有人輕輕拍了一下忙回首見是同來法國留學的女伴笑向說道姊姊做得好夢呀擦眼看時原來是一塲大夢自已仍在日常起坐的一間小小書室之內回想夢境歷歷在心因都告訴了女伴這女伴笑道姊姊眞是說夢話哩只怕儞夢醒了別人的夢還長哩我却新得了一書且請看看遂接書看時却正題着『血痕花』內中敘的事實說一千七百八十九年破巴士的獄起至一千七百九十三年殺路易十六止都是根據正史沒有杜撰閱了一遍因說道這書中的事我早都明白的了如今我聽得日本東京我省留學生新出一種雜誌。叫做什麼『浙江潮』何不把這書鈔寫出來。刊在裏面。也好教我同胞姊妹大家看看呢。商量定了。遂把這書編譯出來。並題一首賀新涼的詞在上面。詞云、

龍戰滄波熱。望中原江山似畫。竟無人惜。雌雄風雄天醉也。捲起毒埃如墨。痛往事銅駝荆棘。試問新亭樽酒地。更銷凝幾度閑風月。猛回首。斜陽黑。 世間兒女深情極。算千秋興亡多少。香名歷歷。鑄得國魂青史上。環珮歸來凄絕。料讀了應添嗚咽。我待沈沈獅夢喚。把三生遺恨從頭說。滴滴淚。滴滴血。

却說法蘭西自路易十六即位以來。雖有維新之志。却自優柔不斷。外則權臣專擅。內則皇后放恣。把國事弄得一日不如一日。財政的困難。刑罰的濫用。眞是萬民塗炭。道路側目。到那一千七百八十八年的夏天。全國瘟疫大行。死者不計其數。及到冬天又大寒。大凍連月。雨雪。人民餓死凍死的。充溝塡壑。這皇帝及貴族僧侶。却自高居深拱。依然朝朝歌舞。毫無一點救災恤民的意思。及至一千七百八十九年春天。氣候漸漸煖起來。那一起沒有餓死凍死的失業窮民。都携老挈幼到巴黎來乞食。人數至有二三萬之多。官吏見了。全然不來保問這起難民。只得暫且棲住在舊

王宮的花園內。這花園是路易十四時候造的當時費了數百萬的民脂民膏。纔能造就。後來又另起離宮。窮工極巧更比這花園雄壯富麗。因把這花園棄了。從此也沒人修理看管。漸漸荒蕪起來。就都叫他做『舊王宮花園』這起難民得了這箇所在。天天出來乞食。究竟人數太多。老弱的人不能行動。却早餓死了多少。其中年輕力强的人就出來做做賊盜。始而偷竊繼而虜掠。越聚越多。竟至橫行都市毫無忌憚。巴黎的警察都是些閒漢出身只會欺侮平民遇了這等盜賊倒縮頭縮腦不敢出來所以巴黎市中的亂象一日甚似一日了。那時巴黎的大學校。有一學生。姓美藤名守正。却是宦家子弟。年未弱冠生得儀表非凡。學問淵博。豁達誠實。最喜扶危濟困。因此在學生社會中早有名譽他生平最恨專制熱望共和逢着人便把自己的宗旨暗暗鼓吹。却得了許多同志。因起一社。名爲『學生團』只爲政府嚴禁。不敢明目張膽。遂隱然成了一個秘密黨又私自刊發雜誌書籍更立了許多的機關後來同志之士。都來赴會。人數漸漸多了。一日禮拜休息。美藤同了校中的朋友。出來游玩。那時正是三月天氣。風日淸和。花柳明媚。到勃羅來公園中坐了一會。見有幾個會中的人互相握手招呼。談了片時。走出園來。却見街市鬧處。難民麕集。擁擠不開。警察執着手棒亂打。難民不服。互相爭鬧起來。登時來了許多的兵卒把爲首的人捉了去。美藤見這情形。憤恨歎道。這些難民。不都是我們的同胞兄弟嗎。如今因爲無衣無食。流爲乞丐。國家有政府。是爲計畫全般人民的利益而設。今天政府不救恤難民。却一味的橫蠻壓制。眞是至不平等的了。又說道。我們同志。要圖國家的進步。先要謀政治的改良。現在民不聊生。到這地步。那罪魁禍首。全在政府。若不把這專制的政府推翻。便天天講革命。也是無益的。同人聽了。都稱是。遂回校來。到次日。大家聚議道。現在既要實行。這教育萬萬不能不講究的。於是草定章程。立了一會。誰知這事觸了校長的怒。那校長姓堀。名靑海。是個僧正。生得頑固非常。事事壓制學生。凡新書新報都不准閱聽。見美藤要立什麼會。登時大怒。便出了一張斥革的告示道。

該生開會結黨。顯干例禁。本應從重治罪。姑念年幼無知。着即革逐出校。以儆刁頑而端士習

小說

衆人看了。都替美藤不平。美藤也不辨論。收拾書籍衣服。別了衆人。自還家去。却說美藤的父母早喪。家事都由姑母管理。這日美藤歸家。姑母問起緣由。便大罵美藤不安分沒出息不巴結向上。所以被校中逐了出來。遂不容分說。把美藤趕出門外。關了門。口裏猶兀自罵道。隨儞這畜生餓死凍死。倒在街上。或是深山曠野。死於非命。從今都不問。都不與我相干。美藤又被這塲羞辱。憤恨攢心。忍着氣。跑去要找幾個同志商量。是日天氣陰霾。密雲黯澹。刮地東北風。吹得塵沙亂走。美藤從僻路繞出街市。走得忽忙。忽與一騎馬相衝。幾乎打跌。只聽得馬上的人發聲道。呀不是美藤哥哥麼。美藤看時。馬上却是一位佳人。生得長眉小靨。杏臉蠻腰。頭上戴着銀編草帽。帽口插着穠顫顫的五色花朵。身上穿着淺楓色椰紋緞的衫兒。腰下繫着深墨綴花荷葉邊的長裙。正是從前同在中學校卒業的一個女友。因失聲道、原來是楓妹妹嗎。却說這佳人姓尾形名楓孃。天生絕頂聰明。溫柔機警。素志不凡。生平也是醉心共和的。因此從小便與美藤情投意合。當時楓孃把馬勒住道。適纔馬驚得跳了。妹子道是誰人。却原來是哥哥。不知哥哥爲何這等倉忙。却要往那裏去呢。美藤聽了搓着兩手。垂頭不語。停了一會說道。妹妹好意問我。眞是無從說起。說時活活羞死人。楓孃詫異道哥哥爲什麼這般模樣。好教妹子放心不下哥哥素日待妹子如手足一般有什麼事說不得的如今請把疑難的事告訴妹子教妹子也好替哥哥分憂呀。美藤想了一會嘆口氣道不瞞妹妹說我如今是無家可歸的了。楓孃驚異道哥哥這教說眞教妹子不懂了美藤遂把出校還家的事。細細告訴了楓孃。楓孃道。這堀甸靑海與令如母眞太豈有此理了。說時遂攙着美藤的肩離鞍下馬來。重啓香唇向美藤道。哥哥不要氣惱壞了再慢慢從長計議。纔是這頑固的堀甸與沒慈悲的姑母也不犯着與他計較。又嘆道咳可惜桐奕叔父不在家。要是他老人家。最是慷慨義俠肯救人之急的。美藤道說的桐奕叔父往常待我也是最好的。他的令郞國安兄現在路易大學校是與我最投契的學友。可惜桐奕叔父如今到亞美利加去了。雖有緩急也是救援不到楓孃道桐奕叔父與我父親是最要好的。他到亞美利加去後他就托我父親照料他家裏的事所有佃戶工人。都是托我父親管束。每一禮拜總有一次書信來往。妹子想他現在亞美利加絡聯海外志士創立團體最是有熱心的哥哥如今何不到亞美利加去走一趟也可增長些見識呢美藤道、妹妹雖說得是只是如今風潮一天緊似一天眼見這革命的事機不日就到了那裏還有四五年的工夫到外洋游學呢楓孃道哥哥說得是不過妹子想亞美利加是個富貴自由的國最可以作我法蘭西的模範的兩人說着投一深林來把馬拴了拂石坐下楓孃又問起美藤近來的情事便懇懇欵欵的勸道哥哥現在正是青年的時候天生得一般豪傑的人物如今政府的專制達於極點羣鬼橫行慘無天日我們以慈悲爲義務以仁愛爲職任偏他許多貴族僧侶橫行不法他自己得有許多特權凡平民則無論是農是商不管凶年歉歲一味的橫征暴斂加稅厚賦做平民的夏天大太陽底下揮汗如雨冬天大霜雪裏面流血如膏拏性命去掙的錢財產業都把來與政府浪費浪用還要差人四出明查暗訪扮做色色的人沒晝沒夜沒東沒西到處偵察誣人罪惡搜人過失要有人稍些說幾句政治上的話或稍些議論貴族僧侶的行動便立刻捉將去輕則流杖重則斬首如今巴黎市中被這樣魘鬼捉了去下在牢裏朝打暮敲喪了性命的不知多少我們看了這情狀一腔熱血如何按捺得下現在東一處西一處革命軍風湧雲起舉世騷擾正是時勢造英雄的時代了妹子想那些官立學校沒精神沒規則辦學校的人都是狗屁不通一味討政府好壓制學生束縛言論行動那裏曉得教育的眞理如此辦去不過養成奴隸的材料罷了倒把人志氣消盡筋力磨盡虛費貴重的歲月做那無益的學問如此有何用處哥哥如今因爲開會結社。勸化同學。遠行射獵。養成体力。卻觸了學校的規則。逐了出來。這眞是正實的神明隱隱救出哥哥於惡魔手中哥哥被這老朽頑鈍的堀匃逐出校來被這信仰僧侶不知正理的姑毋逐出家來正是哥哥脫離羈縛的第一紀念從此自由自在眞是天大的幸福妹子想哥哥性情磊落。腕力强壯。又有許多同志。現在既不願往亞美利加去。倒不如暫且在妹子家中住幾時。養筋力習學問將來事機一到就可替國民盡力妹子近來也結了閨中許多同志。從此大家正好一心一力。講求辦事的方法。如今的人天天吵革命妹子想這革命不是口上空說的第一要緊是下豫備的工夫不知哥哥意下如何。美藤聽這一席話。語語沁入脾腑。忙說道做哥哥的心事。妹妹是都曉得的了。妹妹句句金石之言。我便銘心刻骨終身不忌。楓孃更要說時。只見那邊來了一位精神抖擻。虎項燕頷年紀約五十左右的人。正是尾形先助。楓孃忙道。呀、父親來了。遂向前道。父親幾時也到這裏來了。美藤也忙過來與尾形握手。說道方纔姪兒與妹妹說的話。伯父想都聽見的了。尾形點着頭。回面望了一望。開口道。幸是我在樹陰裏聽了不打緊。這裏靠着官道大路。耳目甚近。這些話是要小心的。賢姪且同我到家裏來。遂令楓孃騎着馬先行。尾形同美藤走到家時。只見那馬繫在門外一株垂楊樹下。楓孃早回來了。忙出來接父親並美藤到屋裏坐下。尾形又細細問起美藤的事情來。見美藤年紀雖輕。應答如流。却語語誠實。使十分愛重。遂把自己歷年來所經營的事業。都告訴了美藤。便說道、賢姪是曉得我一字不識的。往常雖有女兒幫我辦事究竟一人忙不了。如今得了賢姪。正足慰我平生之望。美藤見尾形先助雖不通文墨。却滿面慷慨。一段忠義之氣。早令人悚然起敬。因說道。姪兒從小沒了父母。又沒有兄弟姊妹。如今伯父與妹妹這樣錯愛。敎姪兒眞是感激不盡。當下大家都是歡喜。尾形又說道。先時賢姪與女兒說的桐奕君。如今已歸國來了。美藤與楓孃聽了

忙一齊問道。桐奕叔父如今爲着什麼事回來了呢。第一回終

（未完）

深心起百際　遙淚非一垂

徒勞妾辛苦　終言君不知

血痕花

小說

紹興新昌縣物產表

新昌陳拜庚投

新昌全邑物產繁多。今劃分三表。第一表五穀菜蔬隸焉。第二表藥材雜產隸焉。第三表動物礦物隸焉。自圖學失傳。眞名難得。間合一二。究嫌糢糊。反不若一律从俗。可免移甲作乙之誤。表中之概用土稱。職是故也。又三表之中。有二缺點。一曰鑛。新邑四面倚山。礦產之富。不言可喻。惜惑于風水之說。無人過問。故礦質甚畧。缺點一。一曰出產之價值。歲計出產之價值。全邑之大欵也。是表除烟繭茶朮四項外。均難確實調查。缺點二。有此二點。實一憾事。雖然其于全體已得八九也矣。至花卉一門。非如前者之要。姑从闕如。

◎表一

秈稻

名稱	附記
早稻	西北二境最多植後過六十日收穫亦有過八十日始收穫者
大豆黃	
長白	粒長易碎
水出早	
龍游早	
岩頭撞	
東洋早	一名膏粱白
黃秈	
鵝黃白	一名廣秈一名散絲白

糯稻及晚稻

名稱	附記
紅嘴糯	收穫最早
烏節糯	其幹堅實可編作履
黃殼糯	
竹絲糯	
臭虫糯	像形
白籐甩	穗極長
紅黏糯	
白洋糯	
霜下糯	一名白殼糯
燥稻糯	植于陸地

雜糧

名稱	附記
大麥	有四稜紅筋落鬚等種其落鬚一種麥熟則鬚自落
小麥	有花樹蒲種其穗如花樹果有毛邊箕種其芒分兩邊似箆箕又有方蒲頭毛蒲頭小娘麥大鑽咀等種以小娘麥收穫爲最早
蕎麥	有兩種曰大蕎麥曰苦蕎麥
苞蘆	一名六穀有紅黃白各種又有六十日一種早熟味淡
番薯	有紅白兩種白者多收故種者

菜蔬

名稱	附記
南瓜	一名飯瓜有青黃長圓四種
冬瓜	有長圓二種
王瓜	一名生瓜有八月白一種最佳
瓠瓜	有長圓二種籐碎則苦
北瓜	
春菜	有紅青二種以紅種爲最佳
九心菜	種類不一醃藏耐久
白菜	種類不一經霜後收穫
雪裡蕻	味香
黃芽菜	一名團心菜

天降種 一名晒弗穀光緒壬辰邑中酷旱連畦枯槁獨東鄉後港農家某墻頭生稻一桿當陽亦萎經宿鬯茂如故收粟留掬藏以作種性最耐旱遠近種燥田者咸貸其種焉

黃皮稻 米白粒粗其種近年盛行

燥田白米 米易變紅

水田白米

花秋 種類不一早收者幹軟遲收者幹硬遲者俗作惟嵌種于早稻田者爲嵌花秋俟早稻穫後始行培壅收穫期直遲至冬初

野猪哽 一名毛黏糯毛似大麥

以上糯稻

白殼晚 一名烏嘴晚米性較軟亦可釀酒

黃殼晚 一名霜下晚

以上晚稻

廣乂有紅心白腦一種其味淡

芋 有切芋一種子少切芽分種亦活其味最佳有黃畚箕一種植者甚廣有烏脚箕一種子少味粉而不膩有紅花芋一種蔓生多子枝葉高大和薑醃食

蘆粟 俗名蘆穄

粟 有黃粟紅粟狗尾把猪屎段雞爪秋粟等種

大豆 有南京豆一種最早又有絲皮豆白豆六月豆黑白豆等種

萊豆 有黑白二種尤以白種收穫爲最早

莧菜 有青紅二種

大頭菜

菠薐菜 不拘時可種

沖菜 子名芸薹

甜菜

苦蔴 有碎葉花葉兩種

滿洲豆 其種最佳者出自華頂山

白扁豆

帶豆 一名茶豆

天蘿 即絲瓜有青白二種又有八稜一種

蘿蔔 有長圓二種長種俗名賊弗偷

細幹紅 遇風不落

獨粒毛

雞毛辮 重疊生穗

大穀種 較之常粒大幾數倍近年始有

細豆 有箸豆紅黃細豆等種

蠶豆 有花蠶豆一種俗名晚娘豆又有烏嘴白嘴兩種多消于台州作麵乾

羅漢豆 有牛蹄遍芽青白嘴烏嘴紅花等種

大蒜

葧

蔥 有四季蔥天蔥等種

薤

韭 名蓋厚灰名黃芽韭牙味最佳

芥 研汁可爲芥辣

辣茄 有圓大長尖橘筆等四種

薑 忌月光

茄 有鷹爪茄紫花茄細篠茄等種

筍 種類甚多

茭白

蒿菜 叢生

◎表二

藥材

- 半夏
- 玉竹
- 紫蘇
- 茯苓 近四明山者佳
- 百合
- 艾葉
- 青蒿

製品及雜產

- 土布 男机所織向無女工質粗
- 土綢 土名拔機綢較杭紡畧遜
- 綿綢 出西鄉澄潭鎮一帶較勝
- 綿絲
- 蠶絲 近年繭行林立繅絲甚少
- 綿
- 蠶種 西境最多專銷杭嘉湖三府每

竹木

- 毛竹 大者作筏新竹作紙
- 燕竹
- 雷竹 以上二竹出筍最佳
- 甘竹 出銷各處作扇骨
- 金竹 體厚
- 紫竹
- 苦竹 幹小而堅

- 馬蘭頭 係野生春時淪熟可作蔬爆乾可久儲
- 香椿 即椿樹嫩芽

果品

- 栗 有珠栗大栗陰藏耐久風乾則甜作果亦佳
- 棗 本地製蜜棗
- 柿
- 桃
- 梅
- 杏梅

金銀花
夏枯
六月霜以上出產多有收買出銷各處
地丁草
覆盆子
香附子
女貞子
杏仁
桃仁
木香有紅靑白三種
天冬

歲所入約十餘萬元
酒有黃白二種無出銷境外
油有桐油菜油麻油柏油烏烟子油棉花子油尤以桕油爲大宗
紙有皮紙火紙花箋紙原書紙草紙尤以火紙原書紙花箋紙爲大宗出銷甯紹
炭以長條靑炭爲最佳塊炭次之松炭又次之
蘿簞
箕帚
蒲鞋
木屐

觀音竹
方竹
瞞竹內實筍苦
石大頭質堅可作烟管
靑箭堅且直
松樹
柏樹有刺柏扁柏香柏螺纓柏諸名目
杉
楓有紅白二種紅種最佳
桐有週年桐三年桐千年桐等種
花桐体輕多製樂器

李有夫人李一種最佳
杏
梨皮分粗細二種
金櫻結實甚多與石榴異
枇杷
榧子
櫻桃
香團
花紅
白果一名銀杏
葡萄有紫綠二種
西瓜瓢分紅黃白三種

瓜蔞
括蔞
苦丁茶
白歛
何首烏
茵陳 有綿茵陳草茵陳二種草茵陳一名金壺瓶
白芍
岩胡鬚 一名千斤扛
蒲公英
奇良
前胡

磚瓦
蜜棗
紅薑
梅乾
金豆
蜜糖
蠟 有黃白二種

以上製品

烟葉 有紅黃白三色尖圓二種出西境豐樂鄉一帶者佳新烟上市客幫麕集銷於杭嘉湖爲上寗紹次之台温次之去年亦有出洋者每歲所入約百餘萬

槐
柳
桑 種類甚多
柘 其葉亦可飼蠶近台境最多
棕櫚
白楊
椰 種類甚多黃居椰最佳香皮椰次之
烏珠
栗 經久不朽
桶 有直力
石鬭花 三月間葉紅如
楝 質堅而輕

藕
荸薺 一名地栗
山查 蜜煑作餞別種糖毬子樹高叢
生
無花果
鵝子瓜 有黃白二種

丹參

槐花米

益母草

蒼耳子

黃精 別種山搗臼無味

薄荷

馬鞭草

蓖麻子

菖蒲

茱萸

桑白皮

苦楝子

繭 春蠶極廣二蠶次之近年申江廠商專行收買繭價驟昂土人豔利雖肥田亦樹桑焉所入約六十餘萬元

繭殼

白朮 運至寗郡分售各省所入約二十萬元

茶 有頭二三幾次可採長茶運銷內地圓茶出洋近年茶價步跌所入只十餘萬元出竹潭等處者最佳

花生 有大細二種大者香遜運銷寗波

柏子 有胡椒柏大麥柏蠶豆柏等種

椿

檀 有黃白二種最堅

木阿 質白而堅樹下出甚食之即死

香樟 雕偶像

冬青

畫竹 玉色

烏濃 一名孟葛花紋勻細

棗 色紅性硬

山棗

青木

涼茶 色黃

望春 質白

木瓜
荆芥
地骨皮
白扁豆
車前子
淡竹葉
馬齒莧
白茅根
山慈菰
葛根

以大麥柏最佳
桐子 燥子一斗可出油一斤二兩
鶯粟 近來栽種頗廣邑人自相買賣無輸出境外
棉花
靛青 宜種於山之陰面
綠麻
苧麻
糖梗
蕨粉 一名山粉又名烏糯色味勝於藕粉
櫸子粉

花敲 取皮敲細作膏
烏腮 搗汁爲膏用以做紙
米翁 質堅色紅子紅味甜
白果樹
榧樹 色白而堅
漆
梓
溪檄

◎表三

禽

鷺

鴨

雞

燕

鶯

鵠

烏珠粉

芝麻 一名油麻有白黑二種

葵

以上雜產

獸

牛

羊

猪

馬

騾 別種曰牛頭騾

驢 馬交即生騾

水產及昆蟲

魚 種類甚多

鼈

鰻

蝦 有彈蝦米蝦二種

黃蚶

蟹 有毛蟹小蟹二種毛蟹尤多於黃擇

礦質

銕沙 沿溪居民每於農隙淘洗惟銅溪方口一帶山多產砂土人租山開採當頂山泉灌注砂泥隨流而下約行里許旁引清水沖入則泥浮而砂沉矣如法洗汰獲利甚厚

細坑石 綠色細膩

雀

鳩

鸛近年西人以善價購其毛羽捕之幾盡矣

鷺

烏

鷹

雉食蛇

杜鵑一名子規逢春夜啼

苦鳥即白舌面似猫俗名局魂

啄木腹下毛紅心窩痛者食之即癒

畫眉

狗

猫

猫狸

柿狸

豹毛文如錢

松鼠

黃鼠狼

竹狗一名南狐

豺狗骨可煑膏

狗熊

昏猪極肥美

野羊血入藥

一帶

螺螄

鱔

鰍

以上水產

蠶東北境極廣繭亦堅厚

蜜蜂

絡緯一名紡花機娘

蝦蟆

蟬

蜻蜓

蝴蝶

青石堅硬

紅石

磨刀石

石饅首一名餘糧石出水簾山

黃頭
竹葉青
七姊妹
白鴿
八哥
沙和尙
竹雞夜見火即鳴
山雞
錦雞羽儀勝雉捕售洋人
稻雞
翻鵡紅白二種小如黃雀尾長尺餘
入藥
翠鳥用於銀舖
梟
坑鵲紅嘴長尾食蛇
鷗
鷺鶿
鶺鴒

野猪
豪猪毛幹如箭
麂
麞
兎
石鼠
獺

水雞食之解暑
以上昆蟲

溫州瑞安縣城內教育區所表

◎學校之部（中學校一所）

普通學校

▲課目（國 文（倫理政法（歷史地理（物理數學（英文體操（東 文

▲教習（蔡念萱（楊紹廉（池 虬（陳 愷（李駒儒（許 璇

▲幹事（發起人兼校長）孫詒讓（會計）項湘藻 孫詒澤（監督）郭鳳鳴（庶務）洪炳樞 洪錦灊

（書記）黃增祥

▲生徒 五十八人

▲經費 常年經費四千圓 ●支取分三部 （一）庫串之加厘 （二）種種之地方稅 （三）紳富之捐輸

▲設立年月 丙申年設立初名學計館僅授算學圖繪壬寅正月改爲此校

（小學校五所）

▲課目 分尋常高等二級

▲課目 仝上 ▲教習

▲課目 仝上 ▲教習

▲課目 仝上 ▲教習

▲課目 仝上 ▲教習

東南

（高等）國文
倫理
歷史
地理
算術
圖畫
體操
（尋常）與高等同
維無圖畫
▲教習
蕭侃
鄒岣
宋景貞
項燧

西南隅蒙學堂

洪錦驤
柳鳳池
郭鳳丹
宋景楨
▲幹事
（發起人）洪炳鏘
（會計及庶務）王恩植
李炳光
（監督）池志澂
▲生徒
仝上
▲經費

東北隅蒙學堂

吳孟龍
邵秉中
吳鋼
▲幹事
（發起人）孫詒讓
黃曾鍇
（會計及庶務）胡錦濤
池虬
（監督）金鍼
▲生徒
仝上
▲經費

西北隅蒙學堂

項廷珍
彭鏡明
林駿
管瞻洛
▲幹事
（發起人）饒方猷
吳之翰
（監督）周之冕
▲生徒
九拾人
▲經費
仝上
▲設立年月

速成公塾

林獬
李公亮
袁致中
金品彝
項燧
何蓀
▲幹事
（發起人）項驤
林政友
（會計及庶務）項葆賢
（監督）林孟滄
▲生徒

隅蒙學堂

▲幹事（發起人）
林調梅
（監督）
項方昕
（會計及庶務）
項毓芳
蔣作藩
▲生徒
四十人
▲經費
（出欵）
常年
四百圓
（入欵）
（一）紳富

仝上
▲設立年月
仝上

仝上
▲設立年月
仝上

仝上

七十人
▲經費
捐集
▲設立年月
仝上

之捐輸

(二)廟產之提成

▲設立年月 壬寅正月

(女學校一所)

女學蒙塾

▲課目 國文 歷史 地理

▲敎習 蕭侃之女 (發起人)蕭侃

▲生徒 十八

▲經費 脩金募集

▲設立年月 癸卯正月

(實業補習學校三所)

▲課目 識字 排字 作文 書札 筆算 珠算 閱報 演說

▲敎習 洪錦釀 洪彥遠 洪彥亮 許壬 蔣黼塀 項廷珍

實用學塾
▲幹事 陳愷 吳之屏 蔣建中 管瞻煃
(發起人)許鞭(庶務)洪炳鏘(會計)王宗熙(監督)鄭錫康
▲生徒 八十人
▲經費 捐集●雜費百三十元●敎習不支脩
▲設立年月 癸卯年正月

工商學社
▲課目 仝上
▲敎習 張洪鈞 陳楚元 薛鼎疇 項極 唐闓
▲幹事 (發起人)陳楚元 (庶務)項方衡 (會計)項頌楨
▲生徒 五十人
▲經費 仝上
▲設立年月 仝上

商務學社
▲課目 識字 寫信 看銀錢 閩語 甬語
▲敎習 徐玉鳴 楊毓駿 李寅賓
▲幹事 (發起人)楊毓駿
▲生徒 二十人

調查會稿

▲經費 脩金募集
▲設立年月 仝上

◎會社之部

農學會
▲組織 （發起人）黃紹箕 黃紹第 孫詒讓 （會員）百人
▲辦法 研究部 試驗部
▲經費 集股五千圓
▲設立年月 丙申十一月

武備學社
▲組織 （發起人）蔡念萱 蕭侃 （會員）二十人
▲辦法 研究部 操練部
▲經費 捐集
▲設立年月 庚子九月

▲組織 （發起人）孫詒讓 孫任 林政友 孫衡 （正會長）孫詒讓 （副會長）項湘藻 （評議員）蔡念萱 林調梅 林政友 饒方猷 （幹事）孫任 金緘 林獬 孫衡 （會員）五十人 （聽衆）每期約千人

演說會
▲辦法（演說分目）（甲）論說之部（子）德義上（丑）知識上（寅）實業上（乙）述告之部（子）歷史（丑）時局（寅）新聞（卯）小說（註意）下流社會（定期）每月朔望
▲經費　捐集
▲設立年月　壬寅十一月

閱書報會（普通學堂附屬部）勸解纏足會（演說會附屬部）

◎建設中之學校及會社

●師範研究會　建議者林政友
●高等小學校　建議者　林祖同吳鋼
●飛雲女學校　建議者　宋任覺女史
●詞曲改良會　建議者林政友

瑞安文明爲各州縣冠。數年以來教育事宜。尤長足進步。今城內地方（三里。居民不過數千家。而教育方面之布置。已如此嚴密。吾知三年之後。教育普及之盛軌。必先於瑞邑見之。謹表之以爲吾浙江潮之光榮。

本誌附識

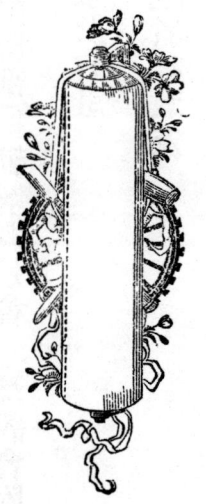

江蘇第二期目錄豫告

癸卯五月朔日發行

零售每冊 大洋二角五分
半年六冊 一元三角
全年十二冊 二元五角

圖畫●焦山全景○太湖全景

社說●國民民之進步歟○江蘇社會亦當改革否

學說●政法●原法

教育●泰西教育界開幕者阿里士多德之學說

軍事●治兵通論上

衛生●說腦

歷史●士格別列弗經畧亞細亞策

譯篇●俄人之自由思想○教育分類概說

時論●俄人之目的及方針○支那司法制度改革私議○中國國民之政治運動○敬告華人

小說●破裂不全之小說○空中旅行

記言●文苑●醒國民歌○雜詠數首

談叢●小兒性質述

記事●本省時評○內國時評○外國時評○留學界記電爭廣西事●軍國民教育會之成立●女學愛會章程●成城學校近事二則

雜錄●致江甯同鄉勸遊學書○世界金銀產出額表○支那之煤

總發行所 日本東京駿河臺鈴木町十八 江蘇同鄉會出版部

總經售處 上海棋盤街北段 文明書局

新民叢報第參拾號目錄

（每月二回定期發行）

發行所　橫濱山下町百五十二番　新民叢報社

通社叢書

甲編 最新生理學粹

世界最要之學問殆莫如生理學焉負此七尺而不知官骸配置之狀神經運動之原野蠻孰甚此書採譯東西新著運以精思凡關於生理之學說罔不備焉有志新學者不可不據此而研究之文筆明雅圖繪精良尤餘事也

乙編 雷文斯頓萬國新地志

輿地專門之書愈新愈妙蓋形勢既有變移攷核日益精密十數年前舊譯之本以今觀之何啻芻狗是書爲英國衣丁堡官立輿地會會旨雷文斯頓所著千九百二年出版環球各國均以次述其地形氣候面積人口人種宗教教育工業商務交通政治財政兵備要區所列諸表均最近最確調查之數誠可寶也譯者爲京師大學師範生何君育杰湛深英文所譯地名皆附注英字尤便攷檢得此一編而環球列國罔不現其眞相欲識時務者盍亟讀之

乙編 露西亞通史

此書爲日本大名士山本利喜雄之傑構而東京專門學校歷史叢書之第一編也露西亞在今日之世界雄跨歐亞號爲文明人種之後勁風雲變局其必以彼爲中心點矣識時務者罔不以研究露史爲要着而我國舊譯之本未爲賅備此書上下千秋夾敘夾議實體大思精之作譯筆明銳人地名尤精攷核學界中人欲知露西亞之眞面目者盍手此一編

乙編 俄國經營東方

握二十世紀之霸權者其俄羅斯乎歐亞達人同持此論而酣睡其肘腋下者乃罔覺焉東瀛蕨山生勘彼深心嘆予癡夢著書五十二編凡臘丁條頓斯拉夫人種之比較世界過去現在未來之狀況罔不詳哉言之而尤注意於清俄日韓交涉之歷史東亞鐵軌軍港之布置聯俄下策久盤踞於頑固守舊者之腦中放虎自衛殷憂曷極今得此奇書以作棒喝庶其猛省矣乎

通社叢書

乙編 自助論

原名西國立志篇著者爲英人斯邁爾斯而日本維新大儒中村正直譯之以振起其國民之志氣使日本青年人人有自立自重之心識者謂功不在吉田西鄉下信矣飲冰室自由書錄其序言四五篇謂嘗鼎一臠猶令讀者起舞則是書之價值可知本社重譯全書以餉我國民文筆雅馴一洗冗沓之習今者明哲之士多以道德腐敗青年墮落爲中國憂此種書蓋不可不亟讀焉

乙編 近世之怪傑

此書爲英人約翰拉耨所著而穆君抒齋譯自英文者也據歐洲中原而力啓十九世紀文明之幕者孰不曰拿翁其人謚以怪傑宜也劣筆繪之殊失本色今以生龍活虎之文字寫震天動地之英雄原本既奇譯筆尤妙項羽本紀遂爲史記百三十篇之冠持此較之其事其文均莫謂古今人不相及也每章附有譯者按語卷末附有地名人名中西合璧表詳於攷證尤爲近時譯界所罕見焉

乙編 二十世紀世界大問題

社會主義之結果其在今世紀乎自封建變爲擅制政歸中央少數之手其弊至於有奴隸無國民法國第二革命軍起歐米列國懾其餘響無不參予民權扶植民氣鍥而不舍而社會主義與焉其所主張往往與禮運大同之說佛氏平等之思遙相符合潮流東漸波將及我我同胞不可不有此豫想也譯島田氏世界大問題

乙編 哲學大觀 佛教篇

大哉喬答摩之教嗟我鈍根謗讚悉噤數十年來我國學界巨子罔不遊心梵籍謂與西洋哲學遙相印證而軼其上焉且欲以我國宗教一統于佛此固非鄉曲曹儒拾呂黎餘唾者所克知也日本建部遯吾著有哲學大觀本社業已譯就此篇專闡佛教抉別諸宗尋源開祖理論實踐言之俱精可爲學佛者之津逮爰先印售以餉初機於戲弱肉強食衆生之業力未消滴水海味法戒之導師在此各崇自力共證華嚴

發行所 上海廣西路洋房二十三號 通社

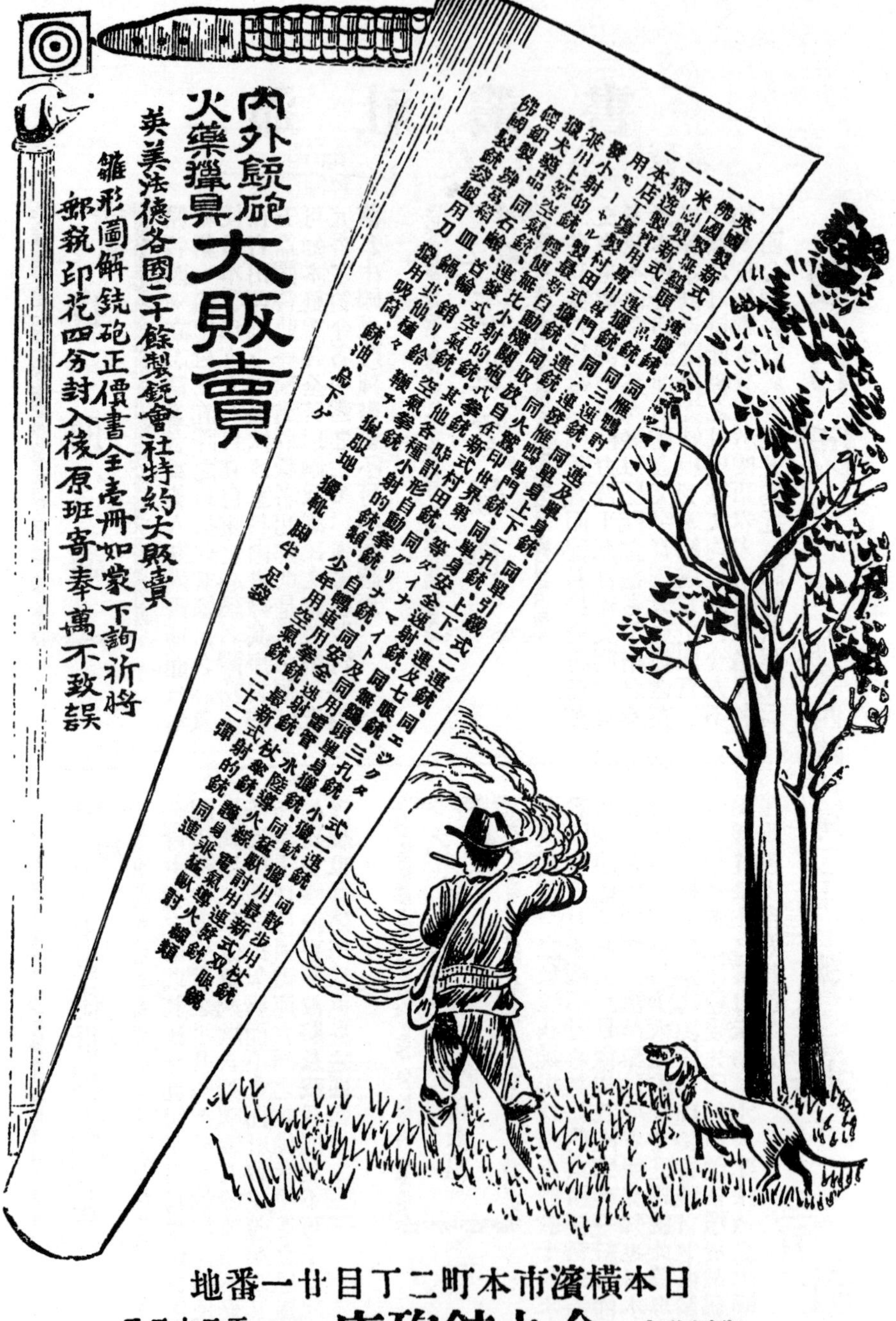
内外銃砲
火藥獵具
大販賣
英美法德各國二千餘製銃會社特約大販賣
雛形圖解銃砲正價書全壹冊如蒙下詢祈將
郵税印花四分封入後原班寄奉萬不致誤

壹個
金四圓五拾錢替電池八拾錢
小包料內地金拾錢長サ曲尺
三寸三步厚八分

本品外部用輕銀製成其內部電池係用一種特別之化學作用製成乾電使能發光
該電燈用於野外演習及秋期演習時頗得好評
該電燈用以狩獵眞屬無上上品銃獵家不可不家置一具也

探見電燈

定價壹個金四圓五拾錢　替電池金八拾錢
替雷球壹個八拾錢赤、青、黃御隨意小包料內地
拾錢長サ曲尺七寸五步直徑一寸二步

該電燈用之於室內及倉庫等處既極安全復極明亮其光達三間以上每一電池可用
以發光至三千次之久洵輕便之探險器也圖解及正價表倘蒙函示附入郵稅後當即
寄奉不誤

日本東京日本橋區通三丁目一番地
銃砲火藥獵具類
懷中電燈電球類販賣　**金丸銃砲店**
（電話本局六六三、二二一八）